KB272106

독한 혀들의 전쟁 **썰전**

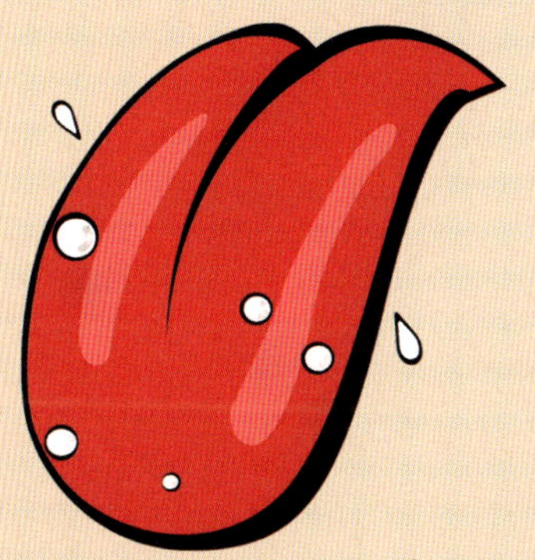

독한 허들의 전쟁 썰전

썰戰

JTBC 썰전 제작팀 지음

시대의창

새누리당 vs 민주당, 지금 뭐하시는 겁니까

사교육 시장, 도대체 왜 이래?

김정은의 속내가 궁금해

썰戰 6

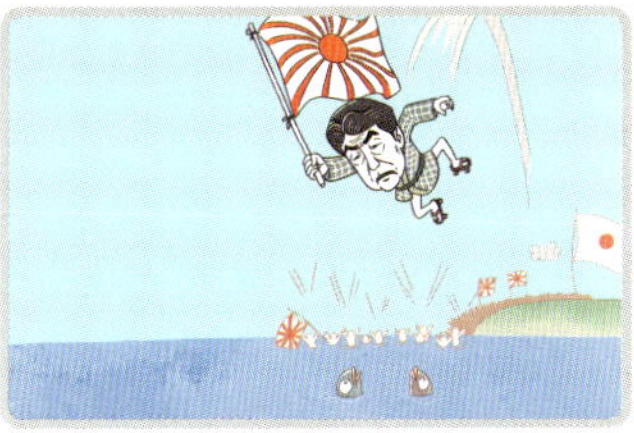

일본 우경화와 망언 열전

썰戰 7

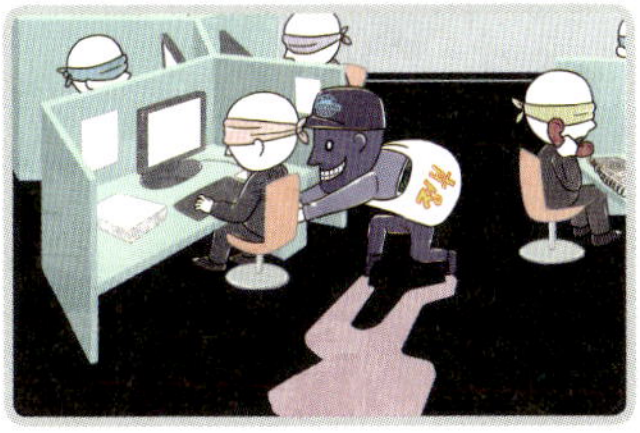

서민들은 뭐 먹고 살란 얘기야?

썰戰 8

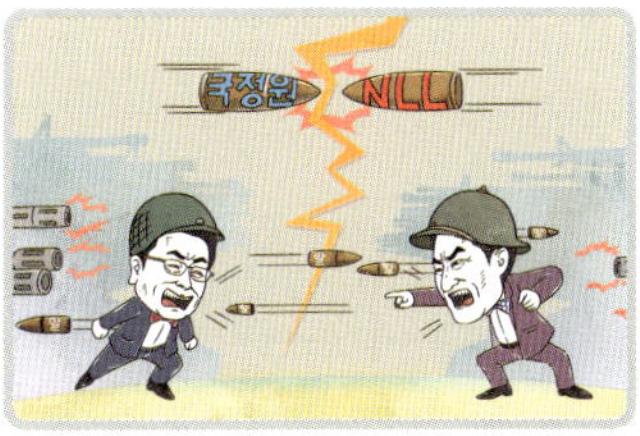

이것이 막나가는 정치다

김구라

- 공격력 : 中
- 통솔력 : 上 上
- 방어력 : 中

- 특수 전법 : 독설의 왕, 화해의 달인

강용석

- 공격력 : 上 上
- 통솔력 : 中
- 방어력 : 中

- 특수 전법 : 의외의 잡학다식, 탁월한 이미지 세탁술, 넓은 정치인맥, 가끔은 여당편향적 해석으로 코너에 몰림.

이철희

- 공격력 : 上 上
- 통솔력 : 中
- 방어력 : 上

- 특수 전법 : 야당 농담 전문가, 비웃는 듯한 눈빛으로 기죽이기. 논리와 감성을 결합한 정치 논평과 대안제시.

김기춘 비서실장과 7인회

- 공격력 : 上 上
- 통솔력 : 上 上
- 방어력 : 上 上

- 특수 전법 : 탁월한 은신술, 막후 조정력, 정보기관 장악력, 세칭 '부통령'

박근혜 대통령

- 공격력 : 下
- 통솔력 : 上
- 방어력 : 上 上

- 특수 전법 : 모르쇠 전법(아랫사람들 싸우고 있는데 먼 산 보기), 순간 이동술(이슈 터지면 외국에 있기), 변신술

김한길 민주당 대표

- 공격력 : 中
- 통솔력 : 中
- 방어력 : 中
- 특수 전법 : 야전능력 탁월

안철수 의원

- 공격력 : 확인불가
- 통솔력 : 확인불가
- 방어력 : 확인불가
- 특수 전법 : 무표정 전략

황우여 새누리당 대표

- 공격력 : 下
- 통솔력 : 下
- 방어력 : 上
- 특수 전법 : 어당팔 전법(어수룩해 보여도 당수가 팔단), 허허실실

김무성 의원

- 공격력 : 上
- 통솔력 : 上
- 방어력 : 上
- 특수 전법 : 형님전략, 카리스마

1

썰戰

박근혜 대통령, 잘 좀 부탁드립니다!

수첩

탕평인사라 하지 않았나요?
증세없이 복지가 가능합니까?
어디가시는 겁니까?
기자
기자
기자

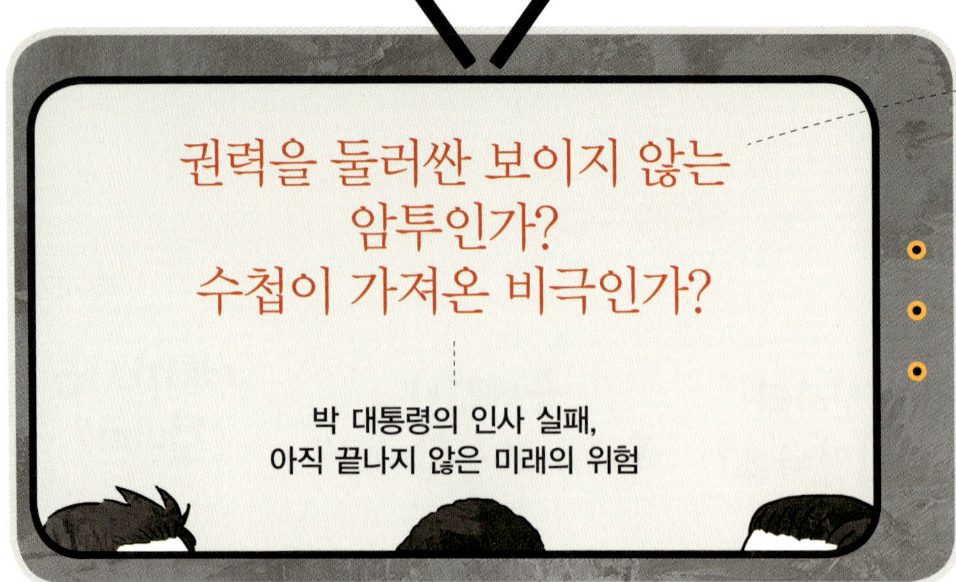

박 대통령 취임 초기에 있었던 '줄줄이 낙마 사태'를 보면서 아마 많은 분들이 답답하셨을 겁니다. 사실 이 문제는 그저 단순히 '과거에 있었던 몇 가지 인사 실패'라고 보기가 힘든 면이 있습니다. 어떤 사람을 쓸 거냐 하는 판단 기준의 문제, 그리고 그것을 어떤 식으로 결정하느냐 하는 방법상의 문제는 대통령 임기 5년 내내 아주 중요한 일입니다. 또 이는 정권의 생명력을 좌지우지 하는 문제이기도 하죠. 그런데 박 대통령 취임 후 인선 과정에서 무려 7명의 인사들이 인사청문회를 넘지 못하고 줄줄이 낙마를 하고 말았습니다. 아마도 역대에 이렇게까지 많은 사람들이 의혹으로 인해 낙마한 경우도 그리 많지는 않을 것 같습니다. 그런데 문제는 말이죠, 그 낙마의 배경들이 좀 심상치 않다는 것입니다. 그냥

웬만한 병역비리나 위장전입, 탈세, 뭐 이런 거라면 또 모르겠는데, 이건 '비리의 새로운 영역(?)'을 개척한 인물들이 장관이네 차관이네 하면서 임명이 되니까 국민들로서는 이만 저만 실망이 아닌 겁니다. 당연히 '청와대의 인사검증이 제대로 되고 있느냐'하는 문제까지 제기되는 실정이고요.

그런데 우리가 여기서 좀 의미심장하게 살펴봐야 할 것은 이러한 몇 가지의 인사들의 낙마 그 자체가 아니라 그것을 넘어선 본질적인 문제가 아닐까 싶습니다. 바로 '인사를 둘러싼 권력 암투설'인데요, 정권 초기에 가장 중요한 인사권을 둘러싸고 박근혜 정권 내부에서 치열한 권력싸움이 진행됐었다는 이야기죠. 만약 정말 그렇다면 향후 5년간 박 대통령이 걸어갈 길이 만만치 않을 것 같습니다. 권력에 대한 암투가 처음에만 찔끔하다가 그만두겠냐는 거죠. 특히 정권이 다소 안정될 수 있는 취임 1년 이후부터 오히려 이러한 권력싸움이 더욱 치열해질 가능성이 높습니다.

자, 그러면 박근혜 대통령은 초기에 어떻게 정국을 장악하려고 했고, 또 어떤 일들이 있었기에 권력 암투설이 흘러나오고 있는지를 알아보도록 하겠습니다.

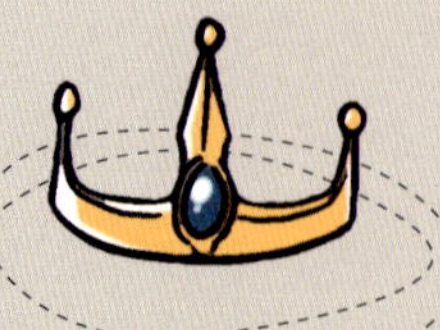

우선 전체적인 맥락을 한번 그려보죠. 물론 모든 장관과 모든 주요 공직자들이 중요하지만 그중에서도 가장 중요한 것은 바로 ▲비서실장 ▲총리, 그리고 ▲안전행정부 ▲보건복지부라고 할 수 있습니다. 비서실장의 경우에는 일단 총리급이라는 점에서 그 역할이 상당히 중요합니다. 그리고 사실상 정부 전체의 2인자의 역할을 한다는 점에서 인사의 핵심이라고도 볼 수 있죠. 총리야 대통령 제1의 보좌기관이라는 점에서 그 중요성이야 더 말할 필요가 없을 것 같고요. 그런데 많은 정부조직 안에서도 왜 안전행정부와 보건복지부가 중요한지

**비서실장
총리**

를 의아해하는 분들도 있을 것 같습니다. 안전행정부는 말이죠, 바로 경찰력을 손에 쥐는 곳입니다. 경찰청 자체가 안전행정부의 산하 기관이기도 하고, 최근에는 정보파트, 국정관할의 역할이 예전보다 더 강화가 됐습니다. 정부 입장에서는 반드시 장악해야 하는 기관인 것이죠. 보건복지부의 경우에는 국가 전체 예산의 30%를 쓰고 있습니다. 모든 기관을 통 털어서 가장 많은 예산을 쓰고 있는 기관인 것이죠. 거기다가 국민의 복지 및 삶의 질 향상과 아주 밀접한 연관이 있으니, 대통령으로서는 이 부서를 장악하지 않으면 안 되는 것입니다. 그런 점에서 박 대통령은 취임 직후 이른바 '3각 포스트'로 이를 장악하려고 했었습니다.

경찰청을 손에 쥐고 있는 안전행정부 장관에는 '측근 중의 측근'이라고 할 수 있는 유정복 장관을 심어놨고요, 보건복지부 역시 최측근 중의 한 명이라고 할 수 있는 진영 장관을 임명했습니다. 그리고 그 위에 허태열 비서실장을 포진하면서 3각 포스트로 국정을 운영하겠다는 의지를 드러냈던 것이죠. 하지만 이러한 의지는 얼마가지 않아 와장창 무너지고 말았습니다. '윤창중 사건'이 대통령 비서실로 불똥이 튀었고, 여기에 여러 가지 요인들이 겹쳐지면서 허태열 비서실장은 임명된 지 5개월 만인 지난 8월에 경질이 되고 말았습니다. 또 거기다가 진영 보건복지부 장관 역시 기초연금 문제로 사퇴를 했습니다. 이른바 박근혜 대통령의 '3각 포스트'가 무너져 내린 것이죠.

뿐만 아니라 정권 초기부터 무려 7명의 후보자들이나 고위 공직자들이 줄줄이 낙마를 했었습니다. 이동흡 헌법재판소장 후보, 김용준 총리 후보, 김종훈 미래창조과학부 장관 후보, 김병관 국방부 장관 후보, 황철주 중소기업청장 후보, 한만수 공정거래위원장 후보, 김학의 전 법무부 차관 등입니다.

이러한 '줄줄이 낙마'의 배경에서 우리가 가장 예의주시해야 할 것이 바로 김병관 국방장관 후보자와 김학의 전 법무부 차관입니다. 왜 우리가 이 두 사람에게 집중해야 하느냐? 바로 여기에서 '권력 암투설'의 냄새가 솔솔 피어나고 있기 때문이죠.

우선 김병관 국방장관 후보자의 경우는 여느 장관 후보자들의 사퇴와는 조금 다른 양

상으로 전개됐습니다. 김 후보자의 경우에는 '비리종합세트'라고 불릴 정도의 의혹이 많았습니다. 한 20여개가 되죠? 건강식품 홍보활동도 했고, 사이비 종교 활동을 했다는 의혹도 있고요, 이런 걸 보고 '참 가지가지 한다'고 말하지 않습니까? 그런데 정말 심각한 건 말이죠, 무기중개업체에서 비상근 고문으로 일했던 것입니다. 이제까지 국방부 장관 내정자가 이런 형태의 의혹이 등장했던 경우는 한 번도 없었습니다. 국방부 장관이라는 자리는 방위사업청을 관할하기 때문에 사실은 굉장히 심각한 문제라고 볼 수 있습니다. 또 이 분이 보유했던 KMDC라는 회사의 주식에 대해서도 의혹이 제기됐는데요, 이 회사가 미얀마 자원개발권 획득 과정에서 이명박 정권 실세가 편의를 봐줬다는 의혹도 있었습니다. 이러한 비리들이 있었으니 결국 인사청문회에서 여당 최고위원 아홉 명 중에 일곱 명이 반대를 했습니다. 아무리 '자기 식구'라고 해도 이건 감싸줄 범위를 넘어섰다는 의미인 거죠.

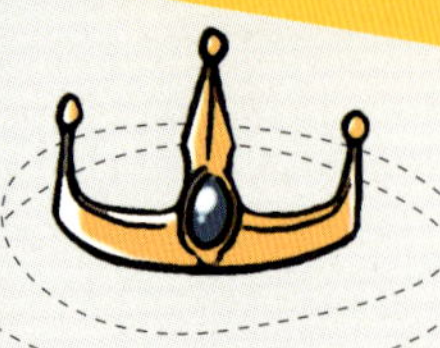

　　그런데 문제는 김 후보자가 의혹 제기에서부터 사퇴까지 무려 38일간이나 끈질기게 버텼다는 점입니다. 의혹은 바로 여기서부터 시작됩니다. '과연 이렇게 혼자서 버틸 수가 있겠느냐, 뒤에 누군가 있지 않고는 이럴 수가 없다'는 것이 권력 암투설의 핵심입니다. 한번 생각해보십시오. 매일 신문과 방송에서 자신에 대한 의혹과 비리에 대한 기사가 뜨고 있는데, 과연 이걸 그렇게 오랫동안 견딘다는 것이 가능하냐는 것입니다. 따라서 '뒤에 누군가 있지 않고는 불가능하다'라고 보는 것이죠.

　　뿐만 아니라 또 하나의 의심스러운 것은 비리의 의혹이 아주 끊임없이 제기됐었다는 것입니다. 아까 앞에서 20개가 있다고 말씀드렸죠? 과연 누가 이렇게 계속해서 의혹을 제기하고 있느냐는 거죠. 그래서 '누군가 김 후보자를 추천한 자에게 타격을 입히기 위해서 군불을 지피고 있는 것 아니냐'는 의혹이 일고 있는 것입니다.

그런데 사실 더 큰 권력암투설의 근거는 바로 '김학의 전 법무차관'에 있다고 볼 수 있습니다. 여러분들도 이 사건을 알고 있으실 텐데 말이죠, 다시 한 번 정리하자면, '별장-조폭-권력-성접대-동영상'이 나오는 거의 하드코어 수준의 영화나 다를 바 없습니다.

사건의 개요는 이렇습니다. 건설업자인 윤 씨가 내연관계에 있던 학원장 권 씨로부터 약 20억의 돈과 벤츠를 빌렸습니다. 나중에 둘의 사이가 틀어진 이후 윤 씨가 돈을 안 갚으니까 권 씨가 대부업자 P씨를 고용해서 차량돈을 가져오라 했는데, 그 차 안에서 이 동영상이 발견된 것입니다. 그런데 P씨가 동영상을 빌미로 권 씨를 협박하기 시작했던 것이죠. 처음에는 이 동영상 안에 전직 국회의원, 경찰간부, 병원장 등 10명 정도가 거론이 됐었는데, 그 이후에는 30명 정도까지 거론이 되곤 했습니다.

그런데 사실 이 사건은 말이죠, 이미 2011년 11월에 학원장 권 씨가 건설업자 윤 씨를 고소하면서 드러났었고, 당연히 이미 경찰의 수사라인에서는 모두 다 알고 있었던 사건이었습니다. 그러니까 이걸 음모론적인 시각에서 보면, 검찰과 경찰의 수사권 대립 문제, 즉, 고위공직자 비리 수사권을 두고 검찰과 경찰이 대립하는 과정에서 경찰이 시기를 봐서 터뜨렸다고 볼 수도 있다는 겁니다. 바로 여기에서 김학의 전 법무부 차관이 등장하는 거죠. 재미있는 건, 당시 동영상을 볼 때 담당자가 혼자만 봐서는 화질이 떨어져서 확신이 서지 않으니까 간부들을 다 불러놓고 같이 봤다는 거 아닙니까.

상황이 이 정도가 되니 청와대에 보고가 안 들어 갈 수가 없었을 것입니다. 그래서 청와대도 김 차관을 불러서 물어봤다고 합니다. 그런데 본인이 펄펄 뛰면서 하늘이 두 쪽이 나도 아니라는데 청와대에서는 믿을 수밖에 없지 않겠어요? 하지만 결국 사건이 일파만파 커지면서 사퇴를 하고 말았죠. 최근 김학의 전 차관에 대한 무혐의 발표가 나긴 했지만, 발표 당일 연예인 도박 사건이 터지면서 물타기가 아니냐는 의혹도 일고 있습니다.

결국 이렇게 해서 박근혜 정부는 인사권을 둘러싼 '권력 암투'가 진행되고 있다는 의혹을 피할 수가 없게 됐습니다. 문제는 과연 이러한 암투를 하는 양대 세력이 누구냐 하는 것입니다. 여전히 정치권에서는 이러한 암투의 실체가 누군지를 정확하게 알지 못합니다. 여기에서는 두 가지 가능성이 제기되고 있습니다. 하나는 그 실세라는 사람이 아예 외부에 거의 노출이 되지 않은 채 꽁꽁 숨어있다는 것이고 두 번째는 아예 그런 실세 자체가 없고 이것은 박근혜 대통령의 '수첩'이 만들어낸 비극이라는 거죠.

과거에는 이런 낙마 사태가 생기면 보통 대통령이 나서서 중간 단계의 실세를 문책하고 분위기를 새롭게 하면서 분위기를 바꿀 수 있었습니다. 그런데 지금은 이 사람이 누군지를 모르니까 결국에는 '모든 책임은 박근혜 대통령과 수첩에 있다'고 보는 것입니다. 사실 대통령이 마음을 굳혔는데, 거기다 대고 '그건 절대로 안 됩니다'라고 말할 수 있는 참모들이 몇 명이나 있겠습니까. 그러다 보니 검증이 안 된 사람들이 등장하고, 연이어 낙마를 하고, 또 시간이 계속해서 흐르면서 온갖 억측이 난무하게 된 것이죠.

인사는
식당 고르기?

　　이제까지 '줄줄이 낙마' 사태와 권력 암투설을 이야기하다 보니 참 인사라는 게 '식당 고르기'랑 비슷한 것 같습니다. 솔직히 여러분도 자주 가는 식당이라는 게 몇 개나 있습니까. 한 10개 안팎? 간 데 또 가게 되고 다른 곳에 가기가 망설여지지 않나요? 인사도 마찬가지인 것 같습니다. 쓴 사람 또 쓰고 싶은 게 사람의 마음이라는 거죠. 그러다 보니 약간 흠결이 있어도 본인의 입장에서는 그게 큰 문제가 아닌 것처럼 보일 수 있습니다. 예를 들어 이건 방송계도 마찬가지입니다. 평생 동안 자기 이름 걸고 제대로 된 프로그램 한 번 런칭 못 해보는 PD도 부지기수입니다. 그런데 한 번 온 천금 같은 기회에 아무런 검증이 되지 않는 사람, 자신도 잘 모르는 사람을 쓴다는 건 쉽지 않은 이야기죠.

　　그렇다면 그 해법은 없을까요? 대통령이 자기가 쓰고 싶은 마음이 있는데, 무조건 문제가 있다고 다 반대해버리는 것이 올바른 일일까요? 여기에서는 한 가지 사례가 있습니다. 서독의 초대 총리였던 아데나워라는 사람이 있습니다. 이른바 '라인강의 기적'을 만든 사람입니다. 그런데 이 아데나워가 한스 글로부케라는 나치 부역자를 총리 실장으로 썼습니다. 우리의 상식으로는 말도 안 되는 거죠. 그때 국민들에게 진솔하게 이야기를 했어요. '서독의 재건을 위해서는 나치정권에 참여한 인물이라도 국정운영 능력이 있으니 이해를 해달라'고 말이죠. 이런 것도 한 가지 방법이 아닐까 하는 생각도 듭니다.

　　결론적으로 종합해보자면 이렇습니다. 어쩌면 현 정권 내에서 정말로 국민들은 전혀 모르는 '보이지 않는 실세'들끼리 치열한 권력싸움이 있을 수도 있습니다. 개인에 대한 비리와 의혹을 무기 삼아 서로를 협박하며 낙마시키기 위해서 지금도 '현재 진행형' 권력싸움을 할 수도 있다는 이야기입니다. 반대로 그런 것은 전혀 없고 오로지 '박 대통령에게 과감하게 NO라는 말을 하지 못하는 참모들'이 지금의 여러 가지 비극을 만들어낸 주인공일 수도 있습니다. 하지만 그 어떤 경우든지 그 최종적인 책임은 박근혜 대통령에게 있을 것입니다. 권력투쟁이 있는데 그것을 제어하지 못하는 것, 또는 주변의 참모들을 '예스맨'들로만 채운 것, 둘 중 어떤 경우라도 이제는 문제를 바로 인식하고 이에 대한 현명한 대처를 했으면 하는 바람입니다.

"지금의 인사는 참사라고 생각합니다. 수첩을 버리십시오. 그리고 새롭게 출발하는 것이 가장 좋은 방법입니다."

"이런 인사 낙마 사태는 굉장히 심각합니다. 대통령의 대대적인 의식전환이 없으면 여기서 향후 5년간 국정운영의 힘이 빠질 수도 있기 때문이죠. 다시 시작하는 마음으로 새출발이 필요합니다."

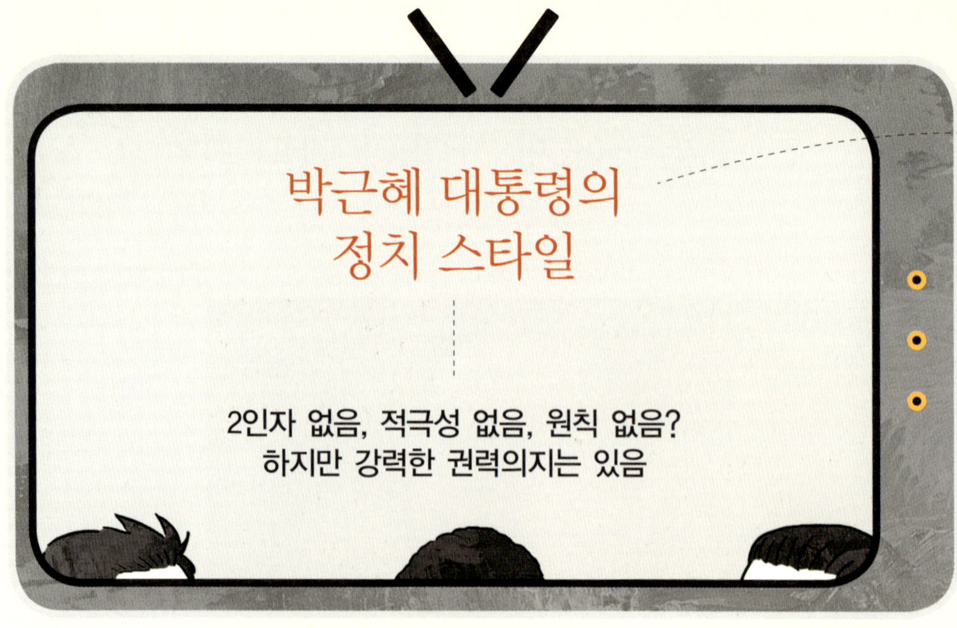

이번에는 말이죠, 박근혜 대통령의 정치 스타일을 살펴보는 시간을 가져볼까 합니다. 물론 정치라는 것이 온전히 '개인적인 스타일'에 의존하는 것은 아닐 것입니다. 시스템이라는 것도 있고, 역할분담이라는 것도 있고, 제도라는 것이 있기 때문에, 한 개인의 스타일에 의해서만 움직이는 것은 분명 아니죠. 하지만 역시나 정치도 '사람'이 한다는 점에서, 그 사람의 스타일이 정치적 판단과 결정에도 적지 않은 영향을 주는 것은 확실합니다. 그런 점에서 박근혜 대통령의 정치 스타일을 한 번 알아보는 것도, 향후 정국이 어떻게 운영될지에 대한 힌트가 될 수 있지 않을까, 생각합니다.

diary

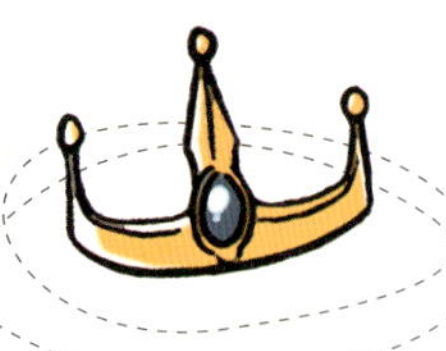

용납할 수 없는 2인자 정치

첫 번째로 봐야 할 것은 이른바 '2인자 정치'라고 하는 것입니다. 원래 이 말은 좀 부정적인 의미로 사용되는 것이 사실입니다. 1인자도 아닌 사람이 1인자 행세를 하게 되면, 1인자의 의지와 의도를 왜곡할 수도 있기 때문입니다. 물론 여기에는 부정과 부패의 여지도 충분히 있습니다. 아무래도 '막강한 2인자'라는 사람이 있게 되면 그 사람에게 잘 보이기 위해 부정과 비리가 생길 여지가 많아지니까요.

그런 점에서 박근혜 대통령은 '2인자를 절대로 두지 않는 스타일'로 유명합니다. 모든 참모들과 똑같은 거리를 유지하는 '등거리 외교'라고나 할까요? 이건 마치 수레바퀴와 같습니다. 가운데를 중심으로 방사형으로 연결이 되어 있는 그런 모습인데, 이는 곧 대통령 중심의 시스템이라고 할 수 있습니다.

물론 이런 와중에서도 마치 '2인자'처럼 비춰지는 사람이 있는 것도

사실입니다. 바로 '문고리 권력 3인방'이라는 사람들인데요. 이들은 모두 1998년부터 청춘을 다 바쳐 박근혜 대통령의 지근거리에서 보좌를 하고 있는 사람들입니다. 첫 번째가 이재만 총무비서관입니다. 청와대의 인사, 재정 집행권을 쥐고 있는 자리라서, 청와대 내에서도 전통적으로 영향력이 있는 자리로 알려져 있습니다. 그 다음이 정호성 청와대 제1부속실 비서관입니다. 대통령의 일정, 연설보도문 등 담당하고 있고요, 마지막으로 안봉근 청와대 제2부속실 비서관으로 각종 민원을 담당하고 있습니다. 하지만 이런 분들은 겉으로는 드러나지 않기 때문에 대중들에게는 잘 알려져 있지 않습니다. 일부 사람들이 '이 세 사람이 공기관 인사를 좌우하는 거 아니냐'라고 생각할 정도로 관심이 아주 높긴 하지만, 실질적인 업무 분야의 한계라는 점에서 볼 때 이들 세 명이 박근혜 대통령의 '2인자'라고 보기는 좀 힘든 면이 있습니다. 물론 박 대통령의 신임은 두터울지 몰라도 권력을 가진 '2인자'라고 보기는 힘들다는 거죠. 따라서 국정에 개입하는 그런 단계는 아니고 묵묵히 보좌하는 역할을 하는 그런 분들이 아닌가 합니다. 이들의 위에 있는 사람, 예를 들면 비서실장, 홍보수석 등을 2인자라고 볼 수도 있겠지만 이 역시 정확하지는 않습니다. 물론 직책상으로 보면 그럴 수도 있지만, 일단 그분들도 어설프게 2인자 행세를 했다가는 바로 박근혜 대통령에게 퇴출될 수 있다는 것을 아주 잘 알고 있기 때문에 함부로 2인자 행세를 하지는 않습니다.

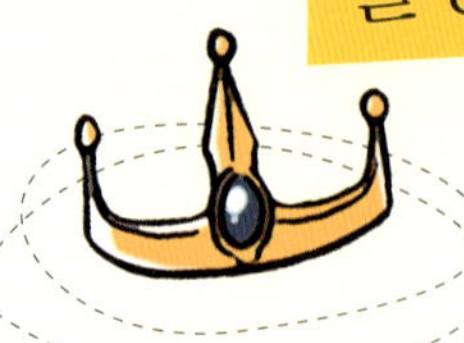

　하지만 '2인자'라는 것이 꼭 나쁘다고만 볼 수 없다는 의견도 있습니다. MB정부의 가장 대표적인 2인자라고 할 수 있는 이상득 전 의원은 이런 논리로 2인자의 필요성을 이야기했죠. 그러니까 선거 운동을 할 때에는 대통령이 뭐든지 다 들어줄 것처럼 이야기를 하다가도, 막상 대통령이 되고 나면 청와대로 싹 들어가 버린다는 말이죠. 그렇게 되면 청와대 밖에 있는 사람들이 대통령에게 뭔가 할 말이 있어도 얘기를 전달할 통로가 없어진다는 겁니다. 그래서 이럴 때에 2인자가 있으면 밖에서 좀 편하게 만나서 이야기할 수도 있고, 대화를 할 수 있는 통로가 생긴다, 뭐 이런 논리라는 거죠. 예전에 김영삼 정부 시절에도 아들인 김현철 씨가 이런 논리로 이야기하지 않았습니까? '외부의 여론을 가감 없이 전달하겠다', 뭐 이런 식으로요.

거기다가 대통령의 입장에서도 좀 편한 면이 있습니다. 예를 들어 2인자가 곤란한 일을 처리하는 역할을 해주면, 문제가 심각해졌을 때 그 사람이 책임을 지고 물러날 수 있다는 거죠. 이렇게 하면 대통령으로서는 문제도 해결하고 욕은 먹지 않는 일석이조의 효과를 누리게 된다는 겁니다.

사실 박근혜 대통령의 아버지인 박정희 전 대통령 역시 2인자를 상당히 많이 활용했습니다. 이후락, 김재규, 차지철, 박종규 등 2인자가 있었고 그들이 시의적절하게 많은 활약을 했습니다. 그런데 바로 박근혜 대통령이 2인

자를 두지 않는 이유가 바로 여기에도 있습니다. 아버지가 2인자의 흉탄에 돌아가시지 않았습니까? 결국 이런 이유 때문에 2인자를 아예 두지 않는 스타일을 가지게 됐다는 이야기입니다. 근데 이게 너무 이러다 보니까 '소통' 자체에 문제가 생기는 건 아닌가 하는 우려도 있습니다. 2인자를 두지 않는다는 것은 결국 '모든 것은

나 자신이 판단하겠다', 그리고 '나의 판단을 좌우하거나 나의 권력을 나누는 사람을 단 한 명도 두지 않겠다'는 것 아닙니까? 그러다 보니 이게 '불통'이라는 것과도 연결이 될 수 있다는 이야기죠. 그러니까 많은 사람들이 지적하는 박근혜

대통령의 불통은 사실은 이러한 문제들
과 연관된다는 의견도 있습니다. 반
드시 2인자를 두라는 건 아니지
만, 모든 판단을 혼자 내리겠다는
과욕이 불통의 근원이 아닌가하는
지적도 있다는 말입니다.

거기다가 박
근혜 대통령은 적
극적으로 나서서 협
상에 임하고 상대의 리액션
도 이끌어내는 그런 스타일이 아닙
니다. 그러니까 '딱 자기 할 말만 하는 스
타일'이라고 할까요. 사실 이명박, 노무현 전 대
통령은 협상에 굉장히 적극적으로 임했던 편입니다. 물론
그러다 보니 쓸데없는 오해의 여지도 생기고 논란의 대상이 되기도 했
지만 그러한 적극성은 높이 살 만했죠. 반대로 박근혜 대통령의 경우

에는 이런 오해나 논란의 여지가 없습니다. 자기 할 말만 하기 때문이죠. 적극적으로 교감하고 협상하면서 이뤄내는 역동적인 정치와는 거리가 좀 있습니다. '얼음공주'라는 별명도 바로 이런 것에서 유래된 것은 아닌가 하는 생각도 해봅니다.

근데 이게 말에만 적용되는 것이 아니라 행동에도 똑같이 적용이 됩니다. 이제껏 박근혜 대통령의 정치 역사를 쭉 돌이켜 보면 뭔가 자신이 나서서 '저지르는 일'은 전혀 없었습니다. 항상 외부에서 뭔가 움직임이 있으면 거기에 대응을 할 뿐, 정작 자신이 뭔가를 먼저 추진했던 일이 없어요. 예를 들어 이명박 대통령이 세종시 수정안을 추진할 때 박 대통령은 그 상황을 쭉 지켜보다가 '어, 이거 안 된다. 반대하자', 이렇게 하거든요. 노무현 대통령 때도 마찬가지였습니다. 항상 뭘 하자고 하면 가만히 보고 있다가 '그러자', 아니면 '아니다' 이렇게 반응했습니다. 물론 이렇게 하면 큰 사고는 치지 않죠. 하지만 따지고 보면 뭘 딱히 이룬 것도 없다는 겁니다.

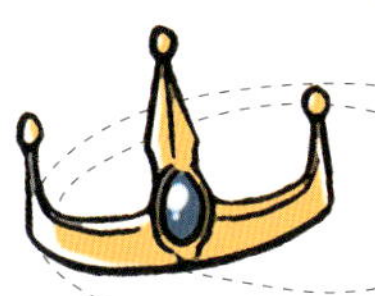

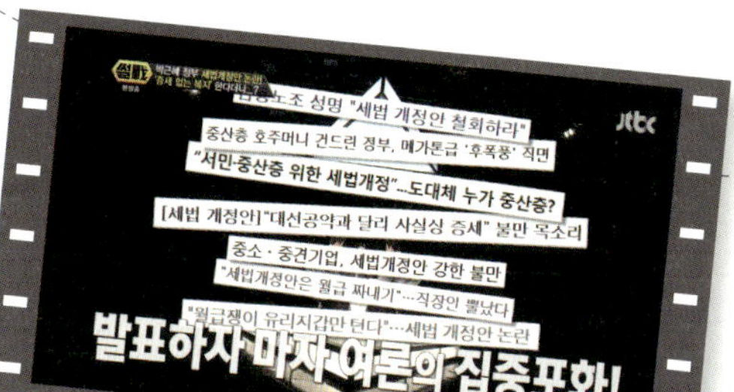

거기다가 또 하나 주의 깊게 봐야 할 것은 박근혜 대통령이 상당히 '상황에 맞는 판단'을 많이 한다는 것입니다. 그러니까 자신이 지금 처한 상황에서 최선의 방안을 찾아나가는 그런 스타일이라고 할까요? 예전에 했던 말과 행동에 대한 일관성보다는 현재 상황에서 최선의 방법을 찾습니다. 이게 '원칙의 박근혜 대통령'과는 미묘하게 괴리감이 느껴지는 부분입니다. 최근의 가장 대표적인 것이라면 바로 지난 8월 발표된 세법개정안이 있습니다. 이 개정안은 발표되자마

자 엄청난 국민적 저항에 부딪혔습니다. 지난 10월 새누리당 김광림 의원이 기재부 국감에서 여론조사업체의 조사 결과를 발표할 때, '국민 10명 중 7명이 세법개정안이 잘못됐다'는 결과를 말했죠. 새누리당 의원이 이 정도로 말할 정도면 당시 8월의 국민적 저항이 정말로 컸다는 거 아니겠습니까? 그런데 그 속내를 뒤집어 보면 더 웃긴 일이 있습니다. 애초에 세법개정안을 연구했던 경제 관료들과 새누리당, 박근혜 대통령은 그 전 과정과 내용을 이미 다 알고 있었습니다. 이게 발표 전에 대통령에게 보고가 안 됐다는 게 말이 안 되는 거거든요. 근데 막상 발표를 한 뒤 국민적 저항에 부딪히니까 박근혜 대통령은 이런 지시를 내렸죠.

'원점 수준에서 다시 검토하라.'

이거 경제 관료들 입장에서는 참 난감합니다. 셋이 다 모여서 합의를 해놓고 막상 문제가 생기니까 여당은 모른 체하고 대통령은 '다시 재검토 하라'고 하니 자신들만 죽일 놈 된 거죠. 만약 이 상황에서 박근혜 대통령이 원칙주의자였다면 어땠을까요? 자신이 모든 것을 알고 있는 상황이었고, 그것이 올바르다고 확신해서 동의를 한 것 아니겠습니까? 그러면 자신의 평소 소신과 원칙대로 세법개정안을 밀어붙였어야죠.

결국 박근혜 대통령은 그때그때 상황에 맞는 판단을 한다고 밖에 볼 수 없다는 이야기입니다. 사실 이런 상황적인 판단을 주로 하는 것도 크게 나쁘지는 않습니다. 매순간 순발력을 가지고 돌파해나갈 수 있으니까 말이죠. 다만 매순간만 잘 대처하려다 보면, 큰 그림 속에서 뭔가 결과를 얻기는 힘들다는 의미이기도 하니, 이런 점을 잘 기억해야 하지 않을까 싶어요.

그리고 우리가 마지막으로 살펴봐야 할 것은 겉으로 보기와는 다르게 박근혜 대통령의 권력의지가 상당히 강하다는 것입니다. 이게 왜 그러냐 하면 말이죠, 대통령이 정국의 변화를 주도하거나 이슈를 선점하는 방법에는 두 가지가 있습니다. 하나는 사정(査定), 그리고 하나는 인사(人事)입니다. 예를 들어 '사정'은 검찰청이나 국세

청 등의 사정 기관을 통해서 이슈가 되는 특정 사안을 수사하게 만들어 정국을 주도하는 겁니다. 그리고 두 번째 '인사'는 새로운 인물을 제시해서 또 다른 이슈를 틀어쥐는 겁니다. 갑작스럽게 누군가를 경질하면서 새로운 인물을 내세우거나 하는 것들이 바로 이런 경우에 속하는 것이죠. 그런데 이렇게 대통령이 스스로 이슈를 선점하면서 정국을 주도하는 것이 썩 좋은 것만은 아닙니다. 대통령은 계속해서 자신에게 유리한 국면만 만들어 내고 싶어 하고, 그러다 보면 국민들은 진짜 중요한 것이 무엇인지도 모른 채 이슈에만 휩쓸려 다니기 쉽죠. 그래서 이명박, 노무현 정부에서는 '인사를 가지고 정국변환의 카드로 쓰지 않겠다'고 아예 선언을 해버렸고, 대통령이 뭔가 정국을 주도하고 싶을 때에도 인사를 하면서 변화를 꾀하지는 않았습니다. 그런데 지금 박 대통령은 이 두 가지 카드, 그러니까 사정과 인사를 통해서 모든 이슈를 선점하려는 경향을 보이고 있습니다. 검찰을 통해 전두환 추징금이나 재벌 수사를 진행하는 사정을 하고, 또 야당 장외집회, 촛불집회 등으로 정국이 달라질 것 같으면 청와대 참모진 개편을 통해 이슈를 선점하기도 하죠. 이런 게 '예전에 참 많이 보던 풍경'이 아니겠습니까?

물론 우리가 대통령의 스타일을 가지고 이러쿵저러쿵 말하면서 '좋다, 나쁘다'라고 일방적으로 판단하기는 쉽지 않습니다. 다만 어떤 정치적 스타일을 갖고 있든 간에, 그 안에서 국민을 잊지 않는 그런 대통령이 되었으면 하는 바람일 뿐이죠.

2 박근혜 대통령의 여태까지의 정치적 행보를 보면 항상 상황주의예요. 내가 처한 상황에서 가장 현실적으로 최고의 방안이 뭐냐, 이걸 가지고 선택을 해요. 이번 세법개정안도 그렇죠. 사실은 대통령도 그동안 이걸 보고를 안 받았을 리가 없는데도 불구하고 막상 발표를 해놓고 보니까 이게 저항이 너무 심각한 거예요. 촛불이 막 커지게 생긴 거예요. 그러니까 원점으로 싹 돌려버린 거죠.

1 이번 세법개정안에 대해 현오석 경제부총리랑 조원동 경제수석도 황당할 거예요. 자기들이 여당, 청와대, 이렇게 셋이 합의를 했는데, 청와대가 똑바로 하라고 뭐라고 하니까….

박근혜 대통령의 정치스타일

4 아니, 내가 볼 때 강변이 중요한 얘기를 했는데 '원칙의 정치인'을 '상황의 정치인'으로 바꾼 거예요?

3 그렇죠, 촛불에 산소가 막 공급되니까~

5 아니, 원칙은 원칙인데….

6 큰 원칙은 있는 거 아닙니까? 돈 안 걸고 복지를 하겠다…. 전략을 크게 보고 전술은 조금 조금씩 바꾼다, 그거잖아?

7 이게 뭐랑 비유할 수 있냐면 보통 엄마 말 들으면 자다가도 떡이 생긴다 그러잖아요. 근데 막상 아들이 엄마 말 따라서 하잖아요? 그럼 되는 게 없어.

8 아빠 말 들어야 해요?

9 아니, 자기 생각 가지고 해야죠. 왜냐면 엄마들은 전에 무슨 말을 했는지 신경 안 써. 그때그때 봐가지고 최선의 길을 택해요. '예전에 엄마가 뭐 하랬잖아' 그러면 '아 그건 그때 얘기고 지금은 이게 맞아', 이러거든요. 그러니까 그 순간엔 최선이긴 하지만 전체적으로는 큰 결과를 내긴 힘들다는 거죠.

10 좋아좋아, 다 알아들었어. 비유는 참 좋은데, 근데 내 귀에 쏙 들어오는 얘기는 박통은 상황주의자다 이거야~. 마침표 땡땡!!

김기춘 비서실장을 보면 대통령의 생각이 보인다

7인회의 화려한 부활, 그리고
여전히 살아있는 박정희 전 대통령의 그림자

2013년 5월, 휴가에서 돌아온 박근혜 대통령은 아주 전격적으로 허태열 비서실장을 비롯해 수석 비서관 4명을 모두 교체했습니다. 언론에서도 전혀 눈치를 채지 못할 정도로 깜짝 놀랄 만한 뉴스였죠. 심지어 허태열 비서실장은 경질 소식 자체를 당일 아침에나 들었을 것으로 짐작이 될 정도입니다. 이 정도면 '전광석화' 같은 경질과 임명이라고 표현해도 과언은 아닐 것입니다. 그런데 말입니다, 이번에 새롭게 임명된 김기춘 비서실장은 꽤 주목해야만 하는 인물이자, 현재 박근혜 대통령의 생각을 단적으로 보여주는 인사입니다. 왜 그런 말도 있지 않습니까. '그 사람을 알고 싶으면 그 사람의 친구를 보라', 또는 '옆에 있는 사람을 보면 그 사람이

보인다'는 거 말이에요. 그렇다면 과연 이번 김기춘 비서실장의 임명은 도대체 무엇을 의미하는 것일까요? 자, 그러면 우리 하나하나 풀어가면서 박 대통령의 생각을 파헤쳐 보십시다.

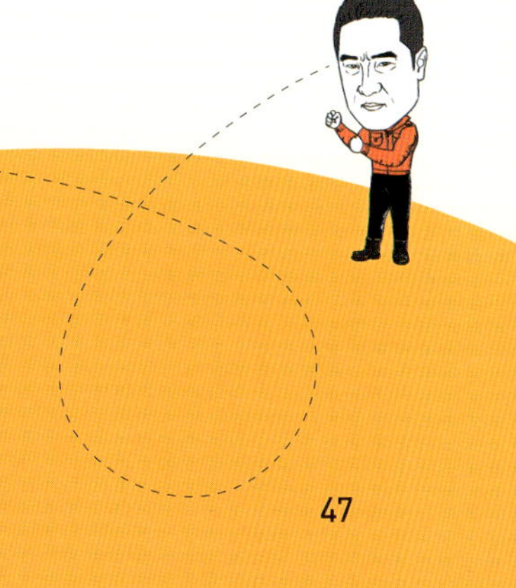

우선 '왜 허태열 비서실장이 경질되었을까?'라는 부분부터 봅시다. 일단 표면적인 이유는 '국정장악력이 부족했다'는 것입니다. 국정원 사태를 거치고 여야가 대치를 하는 상황, 또 급기야 민주당이 장외투쟁까지 선언하게 된 상황, 이런 와중에 국정장악력에 대한 책임론이 대두되면서 전격적으로 경질이 되었다는 것입니다.

그런데 이게 또 다른 시각으로는 '박근혜 대통령의 새누리당 2인자 제거 프로젝트'라는 말도 있습니다. 김무성 의원은 애초 '원조 친박계의 좌장'으로 알려져 있었던 인물입니다. 그런데 세종시 수정안 정국을 거치면서 '탈박근혜'가 되어 버렸거든요. 박근혜 대통령으로부터 떨어져 나가 찬밥 신세가 된 거죠. 그 이후에 허태열

전 비서실장이 좌장의 역할을 이어받은 것이라고 할 수 있습니다. 그런데 김무성 의원이 부산 영도의 보궐선거에서 당선되면서 화려하게 재기에 성공했습니다. 중요한 것은 김무성 의원이 새누리당 의원 장악력이나 당내 카리스마가 탁월하다는 거죠. 따라서 보궐선거 승리 이후에 갑자기 새누리당의 권력이 김무성 의원으로 확 쏠려버리니까 박근혜 대통령이 당황했다는 겁니다. 원래 2인자를 인정하지 않는 박 대통령으로서는 용납할 수 없는 일이라는 거죠. 더구나 지금이 정권 초기인데 말이죠. 결국 이런 부분에 있어서 이제 더 이상 허태열 전 비서실장으로는 이를 제어할 수가 없게 되니까 김기춘 비서실장이라는 카드를 통해서 김무성 의원을 견제하려고 했다는 이야기입니다.

그럼 김기춘 비서실장이 어떤 인물이기에 김무성 의원에 대한 강력한 견제 카드가 될 수 있을까요? 사실 김 비서실장은 서울대 법대를 졸업하고, 법무부 장관, 검찰총장을 두루 역임했죠. 거기다가 과거 검사 시절에는 중앙정보부 특별보좌관으로 파견을 가서 대공수사국 부장까지 했었단 말입니다. 뿐만 아니라 15, 16, 17대 국회의원을 했었고 박근혜 대통령이 한나라당 대표시절부터 대통령의 최측근으로 활동을 했습니다. 이 말은 뭡니까.

결국 김기춘 비서실장은 현재의 국정원-검찰-새누리당에 모두 강력한 끈을 가지고 있고, 이를 배경으로 국정을 장악할 수 있는 능력을 지닌 인물이라는 거죠. 따라서 김무성 의원을 견제할 수 있는 카드로는 충분하다, 이런 거 아니겠습니까?

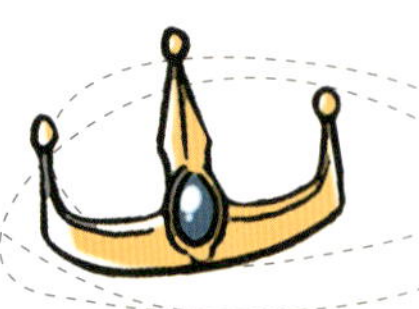

　　그런데 김기춘 비서실장의 등장은 이러한 김무성 견제카드에만 머물지를 않습니다. 바로 박근혜 대통령이 자신의 권력을 보호하기 위해 박정희 전 대통령의 그림자를 선택했다는 해석이 가능합니다. 이 부분에 있어서는 대두되는 것이 이른바 '7인회의 전면 등장'이죠. 물론 박근혜 대통령은 '7인회'의 존재를 공식적으로 부인하고 있습니다. 하지만 정계의 많은 사람들은 이 7인회가 박근혜 대통령의 멘토 그룹이자 '배후 실세'라고 지목하고 있습니다. 그럼 이 사람들은 누구일까요?

그들은 김기춘 비서실장을 포함한 ▲김용환 전 재무장관 ▲최병열 전 한나라당 대표 ▲김용갑 전 총무처 장관 ▲안병훈 전 조선일보 부사장 ▲강창희 국회의장 ▲현경대 민주평화통일자문회의 수석 부의장입니다. 사실상 박정희 대통령 시절부터 인연을 맺어온 '친박계 원로 그룹'들이라고 할 수 있습니다.

그런데 우리는 여기에서 김기춘 비서실장의 과거 행적을 좀 더 유심히 살펴봐야 할 필요가 있습니다. 무엇보다 중요한 것은 바로 그가 법무부 검사로 있을 당시 신직수 법무부장관 밑에서 유신헌법의 초안을 작성했다는 것입니다. 그가 프랑스에 가서 드골헌법에 대한 자료를 수집했다는 증언도 있습니다. 뿐만 아니라 이른바 92년 대선 당시 정국을 화들짝 놀라게 한 '초원복집 사건'을 일으킨 장본인이기도 합니다. 당시는 민자당 김영삼 후보, 민주당 김대중 후보, 그리고 통일국민당 정주영 후보가 격돌하고 있는 상황이었습니다. 그때 여권 실세였던 전임 법무부 장관 김기춘 비서실장이 선거를 일주일 앞두고 부산으로 내려가게 됩니다. 그리고 초원복집에 부산시장 이하 기관장들을 모아

놓고 일장 연설을 했습니다. '민간에서 먼저 지역감정을 불러 일으켜야 한다'는 발언을 한 거죠. 그리고 공공연히 김영삼 후보를 대통령으로 당선시켜야 한다고 주장했습니다. 이번에 김기춘 비서실장이 임명이 되자 야당과 시민단체에서 '소름 끼친다', '김기춘 임명은 유신회귀다'라는 말이 나왔던 것도 바로 이런 이유 때문입니다.

결국 김기춘 비서실장의 임명은 그간 배후에서만 존재하는 7인회가 전격적으로 현 정치에 등장했다는 것을 의미합니다. 그리고 그 7인회는 박정희 대통령의 그림자라는 것을 부인하기는 힘들죠. 박근혜 대통령은 초기부터 인사문제에 대해 지속적인 실패를 겪으면서 위기감을 가졌을 것이 분명합니다. 그리고 점차 가시화되고 있는 새로운 권력의 부상에 고심했을 수도 있습니다. 이러한 상황에서 결국 박근혜 대통령은 7인회를 선택했습니다. 물론 대통령이 누구를 선택하느냐 하는 것은 당연히 대통령 마음입니다. 다만 현역에서 물러난 지가 오

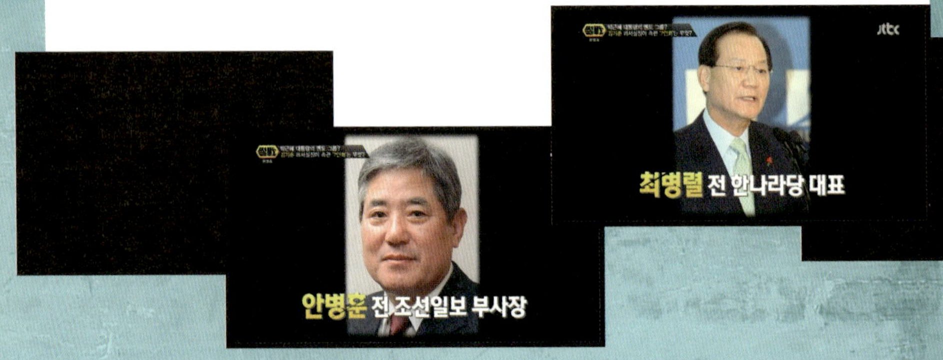

래된 그들이 다시 오늘의 정치에서 주역을 맡기 시작했다는 것 자체가 새로운 미래에 방해가 되지는 않을까 하는 걱정이 됩니다. 여러분의 생각은 어떻습니까?

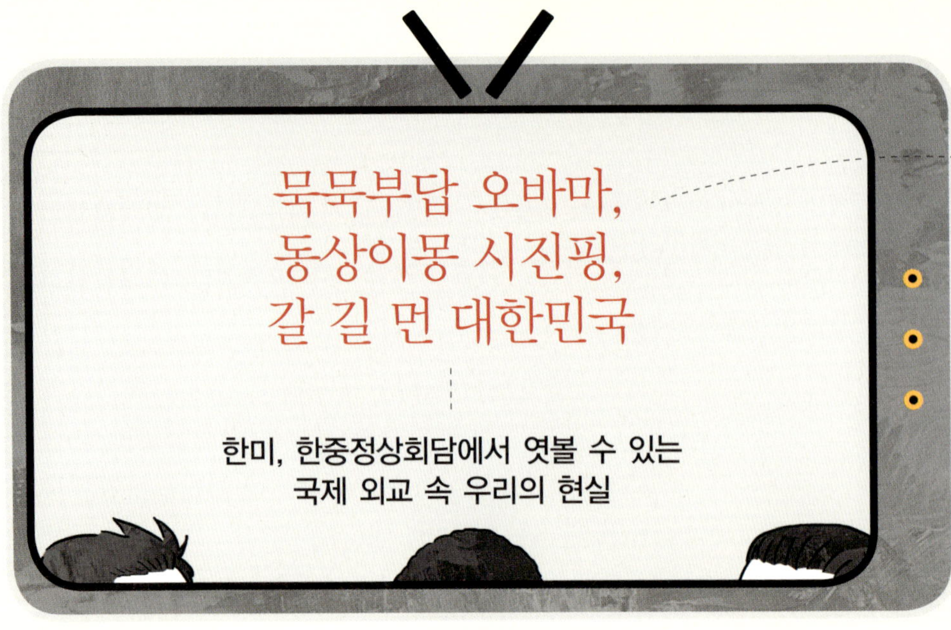

올해 5월과 6월에 박근혜 대통령이 첫 외교 신고식
을 했습니다. 한미정상회담과 한중정상회담이 바로 그것입니다. 뿐
만 아니라 역사적 전례가 없었던 첫 여성 대통령의 외교순방이라 국민
적인 관심도 많이 받았습니다. 특히 오바마와 시진핑은 꽤 이례적이라
고 할 만큼 박 대통령을 지극히 환대해 주었습니다. 거기다가 박 대통
령의 화려한 한복과 영어 연설, 중국어 연설 등이 화제가 되기도 했죠.
이렇게만 보면 정상회담도 꽤 잘 하고 첫 외교순방도 성공적으로 마
친 것으로 보이기는 합니다. 그런데 말이죠, 참 이게 하나하나
따지고 보면 그다지 큰 성과를 냈다고 보기 힘든 면이 있습
니다. '적지 않은 성과다'라고 평가받는 것도 '아닌 건 같은

데…?'라며 고개가 갸우뚱 거려지는 부분도 있습니다. 자, 그럼 이번 한미-한중정상회담을 털어보면서 우리나라가 과연 세계 외교 무대에 서 어느 정도의 위상을 갖고 있는지를 한 번 알아보도록 하겠습니다.

　　우선 순방 자체는 꽤 화려하고 성공적으로 이뤄졌습니다. 미국의 경우 박 대통령이 JFK공항에서 숙소로 이동할 때 헬기로 경호를 하는가 하면 지상교통도 통제하면서 존중의 메시지를 던졌습니다. 이는 극히 이례적인 일로 평가를 받고 있다고 합니다. 거기다가 이번에는 '국빈방문'의 형식이 아닌 '공식실무' 차원의 방문이지만 거의 국빈 못지않은 대접을 해주었다고 합니다. 아마도 외국 대통령들이 우리 대통령을 환대해주는 이런 모습을 보면서 국민들도 '야, 이제 우리나라도 많이 컸구나'라고 생각하셨을지 모르겠습니다. 중국에서도 마

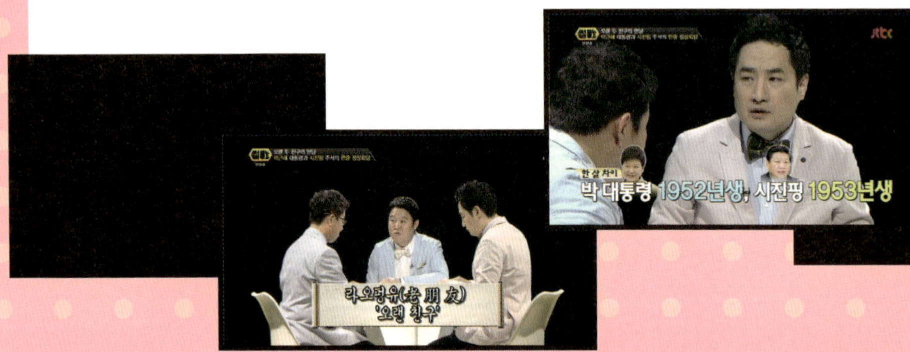

찬가지죠. 역시 '사상 최대의 환대'라고 해도 될 정도로 극진히 대접받았을 뿐만 아니라 시진핑 주석은 박 대통령을 '라오펑유(오랜 친구)'라고 부를 정도로 친근하게 대해주었습니다. 자, 뭐 여기까지는 다 좋습니다. 그래도 대한민국이 어디 가서 무시 받지 않을 정도이니, 국민의 한 사람으로 뿌듯함도 느껴질 겁니다.

그렇다면 '실질적인 성과'라는 부분에서는 어떨까요? 우선 한미정상회담부터 봅시다. 이번 방미의 가장 큰 성과로 '한반도 프로세스를 오바마가 동의했다'는 것을 꼽는 사람들이 많습니다. 이는 박 대통령의 달라진 대북정책을 미국에서 동의해주었다는 데에서 의미를 찾을 수 있을 것입니다. 요약하자면 '앞으로 북한이 도발이나 협박을 해도 더 이상 식량이나 돈을 주는 보상은 없을 것이다. 하지만 언제든 소통의 통로를 열어 놓고 신뢰를 구축해 평화를 정착시키면서 통일의 기반을 만들어 나간다'라고 할 수 있겠습니다. 과거 MB정부의 경우에는 이러한 정책과는 사뭇 다른 점이 있었습니다. 그때는 '먼저 북한이 비핵화를 하지 않으면 대화를 하지 않는다'는 것이었습니다. 아예 대화의

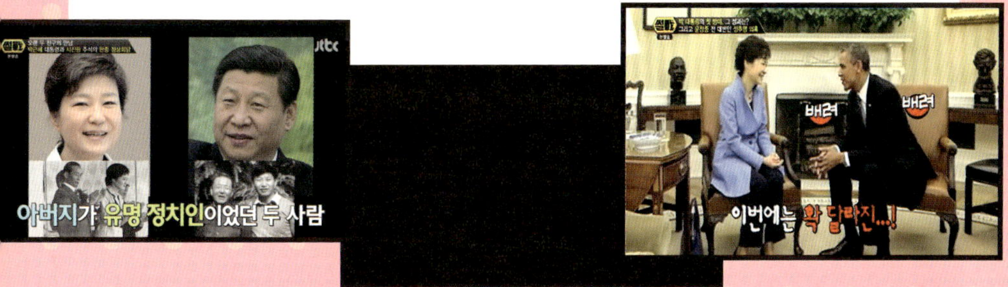

통로 자체를 차단해버린 것이죠. 바로 이런 부분에서 오바마 대통령이 동의를 했다는 점을 이번 방미의 큰 성과라고 보는 것입니다.

그런데 여기에서 좀 아쉬운 점이 있습니다. 이렇게 큰 틀에서는 오바마의 동의를 얻었지만, '그렇다면 긴장완화를 위한 구체적인 대안은 무엇인가'라는 부분에 대해서는 서로 동의가 이루어진 것이 없다는 거죠. 사실 진짜 중요한 것은 실행방안이 아니겠습니까? 예를 들어 말이죠, 공부를 별로 하지 않던 아이가 어느 날 전 가족을 모아놓고 '저 결심한 바가 있습니다. 앞으로 공부 열심히 하겠습니다'라로 말했다고 칩시다. 이거 안 좋아할 부모가 어디 있겠습니까? 아마도 모든 부모님들이 '그래, 그렇게 하렴'이라고 '동의'를 할 것입니다. 그런데 구체적으로 어떻게 공부를 하겠다는 방법이 없다는 겁니다. 이 부분은 상당히 중요하다고 할 수 있죠. 나중에 우리나라가 북한에 대한 어떤 조치를 취했다고 봅시다. 근데 여기에 미국이 딴지를 거는 거죠. '야, 너네 왜 그래?'라고 하면 우리는 당연히 '뭔 소리야. 우리 한반도 프로세스 서로 합의했잖아'라고 말하겠죠. 근데 미국이 '어? 우리가 생각하는 한반도 신뢰 프로세스는 그런 게 아니었는데?'라고 해버리면 어떻게 하겠습니까. 실행방안에 대한 합의는 이렇게 중요한 부분입니다. 전체적인 방향만 합의하는 것만으로는 큰 실효성이 없을 수도 있다는 겁니다.

　뿐만 아니라 이번 방미에서 가장 중요하게 생각됐던 전시작전권 전환에 대한 연기와 원자력 협정에 대해서는 오바마가 일언반구도 하지 않아서 곤란해지게 됐다는 거죠. 그럼 전시작전권이 뭐냐, 유사시에 한반도에 무슨 일이 생기면 한국군의 작전을 통제할 수 있는 권리입니다. 원래 평소에는 우리가 작전통제권을 가지고 있지만 북한이 도발을 하게 되면 이 작전권이 한미연합사령관에게 넘어가도록 되어 있습니다. 그런데 이러한 권리를 계속 미국에게 줄 것이냐, 아니면 그것을 환수해서 우리나라가 가질 것이냐에 대한 의견이 분분했습니다. 어떤 게 좋은 건지는 논외로 두고, 여기서 중요한 건 박근혜 정부의 기본적인 방침은 '전작권 환수를 연기하자'는 쪽이라는 겁니다. 그런데 이번 방미에서 이 이야기를 꺼내도 오바마가 별로 신경을 쓰지 않아, 환수 연기를 위한 더 큰 희생이 불가피해진 것이죠.

　그다음에 원자력 협정에 대한 것도 상당히 중요했습니다. 우리나라도 이제 근 40년간 원자력 발전을 해오면서 그간 많은 핵 폐기물들이 있습니다. 한마디로 핵 쓰레기들이죠. 이제까지는 이걸 그냥 물속에 넣어두었습니다. 그런데 시간이 지나다 보니 너무 많은 쓰레기가 생기게 된 거죠. 결국에는 재처리 시설을 만들어야 하는데, 이렇게 하려면 미국과의 원자력 협정을 개정을 해야 합니다. 이런 부분은 이번에 박 대통령이 가서 해결을 하고 왔어야 하는데, 이것도 마찬가지로 딱히 답을 얻지를 못한 거죠.

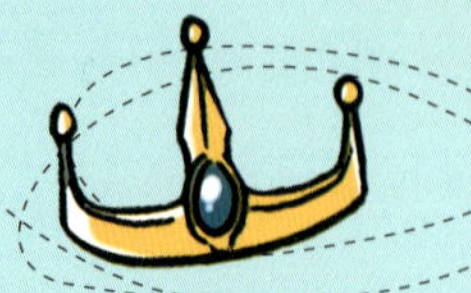

그러면 한중정상회담은 어땠을까요? 이번 방중의 핵심은 바로 '불핵불용에 대해 중국과 합의하는 것'이었습니다. 불핵불용은 북한에 핵을 허락하지 않겠다는 의미입니다. 즉 우리는 중국이 이런 불핵불용에 대해서 합의를 해주기를 원했지만 중국 시진핑은 다소 미온적인 태도로 '한반도 비핵화'만 자꾸 말했다는 거

죠. 어떤 분은 그 정도면 충분한 거 아니냐고 말하기도 합니다. 그런데 말이죠, 이 '한반도 비핵화'라는 것이 해석하기에 따라 전혀 다른 의미를 갖습니다. 우리 입장에서 한반도 비핵화는 이런 거죠. '우리 남한은 핵이 없다. 그러니까 북한에서만 핵을 없으면 한반도 비핵화를 이루는 거다'라고 해석합니다. 하지만 중국의 입장은 다릅니다. 중국은 미국의 핵 잠수함, 핵 항공모함 등 미국의 핵 군사전력까지 모두 포괄해서 생각합니다. 그래서 북한도 핵이 없어야 하겠지만 미국도 한국에 있는 핵 군사전력을 모두 철수해야 한다는 겁니다. 결과적으로 우리가 아무리 '북핵불용'을 외쳐도 중국의 속내는 '야, 니들도 미국의 핵 군사전력을 가지고 있잖아. 그것부터 철수해'라고 말하는 거죠. 결국 북핵불용은 아예 합의가 되지 않은 상황입니다. 총평을 해보자면 오바마는 묵묵부답, 시진핑은 동상이몽, 이렇게 볼 수 있는 거죠.

물론 방중 성과 중에서 '중국이 한반도의 평화적 통일에 대해서 공개적인 언급을 했다'는 것은 전향적인 성과라고 볼 수 있습니다. 그간에는 이런 것에 대한 언급이 전혀 없었는데, 이번을 계기로 중국이 이런 태도를 취한 건 그나마 성과인 셈이죠.

이렇게 한미—한중정상회담이 진행되면서 뭔가 국제 정세가 좀 냉랭하게 돌아가는 부분도 있습니다. 사실 우리가 중국과 가까워지는 것을 미국은 그리 좋아하지 않습니다. 기본적으로 미국은 동아시아의 기본전력을 '한—미—일 3각 방위 동맹체제'로 원하지 않습니까? 그런데 우리가 중국이랑 너무 가까워지니까 냉랭한 반응을 보이는 겁니다. 거기다가 아마 이번에 일본도 상당히 기분이 나빴을 겁니다. 원래 대통령의 첫 해외순방은 보통 미국-일본-중국의 순이었습니다. 근데 갑자기 일본이 빠지고 미국-중국이 되니 심사가 많이 뒤틀렸을 거라는 이야기죠. 그것뿐입니까. 지금 일본은 중국이랑 센카쿠 열도 분쟁으로 냉랭한 관계가 아닙니까. 이런 상황에서 우리나라가 중국이랑 점점 가까워지는 모습을 보이니 썩 좋지는 않을 겁니다.

이렇게 보니 우리가 이렇게 해도 저쪽에서는 뭐라고 하고, 또 저렇게 해도 뭐라고 하는 참 복잡한 양상입니다. 거기다가 야심차게 협상을 준비해가도 그쪽에서 일언반구도 하지 않으면 우리는 그냥 머리 긁적이며 뒤돌아서야 하는 입장입니다. 사실 우리가 할 게 없는 것처럼 보입니다. 물론 이건 박근혜 대통령의 잘못이라고 볼 수는 없겠죠. 아직 세계무대에서 강한 목소리를 낼 수 없는 우리들의 문제이니까요.

하지만 너무 실망할 필요는 없을 것 같습니다. 우리 국민들, 성실과 열정만큼은 대단하지 않습니까. 다른 나라의 원조를 받던 국가에서 이 정도가 된 것만 해도 정말 칭찬해도 아깝지 않습니다. 우리의 외교가 좀 더 강해지고 나라가 안정된다면, 세계 무대에서도 결코 밀리지 않을 날이 오지 않겠습니까?

시진핑이 박 대통령을 '오랜 친구'라고 부른 이유는?

지난 한중정상회담 당시, 중국 주석 시진핑은 박 대통령을 '오랜 친구', 중국말로는 '라오펑유'라고 칭했다고 합니다. 과거에 안면이 있는 것은 물론이고, 두 사람의 삶 자체가 서로 닮아있다고나 할까요?

우선 둘 다 '2세 정치인'이라는 공통점이 있습니다. 시진핑의 아버지 시중쉰은 중국공산당 중앙서기처 서기를 거쳐 중국 상임위원회 부위원장까지 거친 큰 인물이었죠. 박근혜 대통령의 아버지였던 박정희 전 대통령은 말씀 안 드려도 잘 아실 겁니다. 거기다가 또 하나의 공통점은 바로 공대 출신이라는 점입니다. 박근혜 대통령은 서강대 전자공학과, 시진핑은 칭화대 화공과를 나왔습니다. 그리고 마지막으로 정치적인 이유로 인해서 이들은 오랜 은둔의 시간을 보냈습니다. 박 대통령은 박정희 전 대통령이 서거한 뒤에 성북동에서 무려 18년간의 은둔, 칩거생활을 했습니다. 시진핑도 말이죠, 14살 때 발생한 문화혁명 당시 아버지가 반혁명분자로 몰려서 이른바 하방(下放)을 당했습니다. 하방이란 정부 관료나 군 간부들을 농촌이나 공장으로 내려 보내 노동을 시켰던 정책이죠. 시진핑은 당시 8년 정도 하방을 하면서 고생을 했다고 합니다. 마지막으로 나이 차이도 그리 많지 않습니다. 시진핑이

53년생, 박대통령이 52년생이니까 한 살 차이가 되겠죠. 역대 한-중 지도자 중에서는 가장 공통점이 많은 사이라고 할 수 있습니다.

그런데 이러한 여러 공통점도 있지만, 무엇보다 과거에 서로 '격이 맞지 않는 만남'을 박 대통령이 흔쾌하게 받아들였던 인연이 있었다고 합니다. 2005년에 시진핑은 지방당의 서기에 불과했던 반면, 박근혜 대통령은 당시 한나라당 대표였죠. 그때 박 대통령은 '격이 맞지 않는 사람을 만날 필요가 있겠냐'는 주변의 만류를 뒤로하고, 63빌딩에서 흔쾌히 시진핑 서기를 만났는데, 그것이 시진핑에게는 아주 기억에 남았나 봅니다. 이런 이유로 인해서 시진핑 주석이 '오랜 친구'라는 말을 쓰게 된 것이죠.

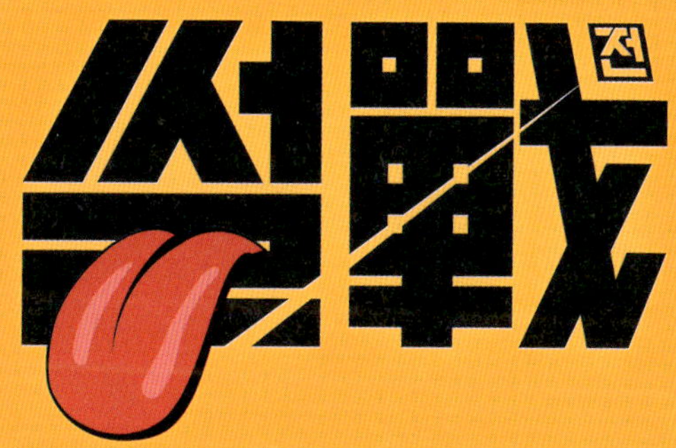

2

썰전 최다 출정,
안철수 완전 정복

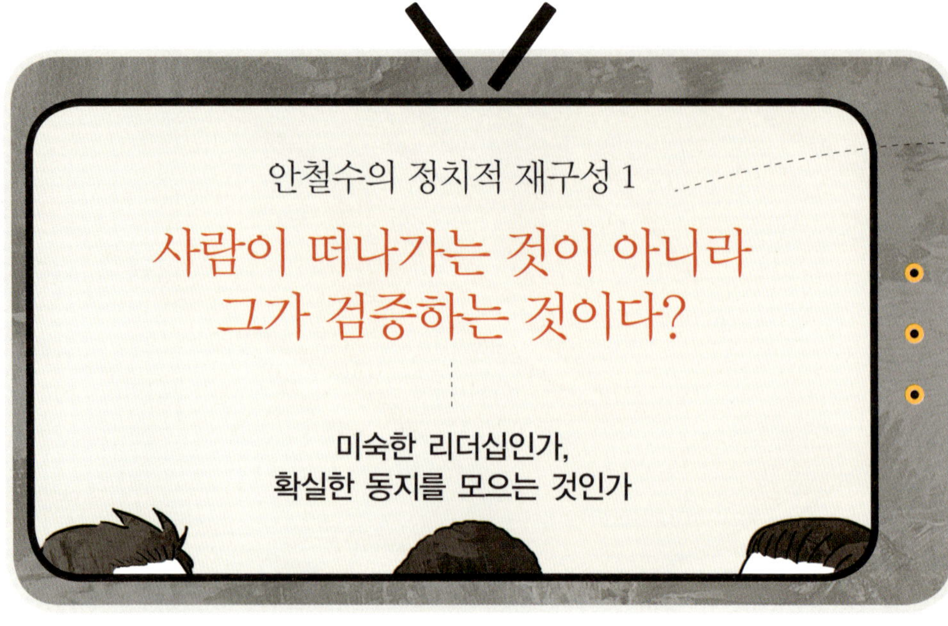

뭐니 뭐니 해도 지난 대선의 가장 큰 핫 이슈는 바로 안철수 원장이었습니다. 당시에는 정치인으로서의 데뷔 자체가 큰 반향을 일으켰고, 그는 줄곧 대권을 둘러싼 여러 가지 논의의 중심에 있었죠. 하지만 마지막에 대권 도전을 포기해 많은 사람들의 아쉬움을 사기도 했습니다. 대선 후 외국에 머물던 안철수 원장은 다시 돌아와 노원병에서 국회의원 당선이 되면서 '안철수 의원'이 되었고요.

대부분의 사람들은 안철수 의원이 4년 뒤에 대권에 도전할 것이라고 예상합니다. 지금은 무소속 국회의원으로 시작했지만 대통령을 정조준하고 있다는 이야기죠. 하지만 이러한 일련의 과정에서 가장 큰 문제로 지적되는 것은 그의 '리더십' 문제

입니다. 안철수 의원과 함께 했던 사람들이 자꾸만 그의 곁을 떠나간다는 것이죠. 도대체 그 이유는 무엇일까요? 그리고 지금 안철수 의원은 어떤 생각을 하고 있을까요? '미래를 알기 위해서는 과거를 보라'는 말이 있습니다. 지금부터 안철수 의원의 행보와 리더십, 그간에 일어났던 여러 가지 사건을 종합적으로 살펴보면서, 이에 대한 '정치적 재구성'을 해볼까 합니다.

안철수의 노원병 선택,
과연 옳았나?

그럼 안철수 의원이 국회의원에 도전할 당시로 되돌아 보겠습니다. 당시 이슈 중의 하나는 과연 '안철수의 노원병 선택이 옳았냐' 하는 것입니다. 어떤 사람은 이런 이야기도 했죠. 예를 들어 배우 현빈이 군대를 다녀왔다면, 많은 사람들은 그가 이제 '대작'에 출연해서 멋지게 연기하는 걸 기대할 것입니다. 근데 정작 현빈이 나와서 하는 소리가 '저는 서프라이즈 프로그램에 출연하겠습니다'라고 말한다면 어떨 것 같습니까? 노원병에 도전하는 안철수 의원이 바로 그렇다는 이야기죠. 뭔가 더 큰 정치를 꿈 꿔야 하는데, 고작 노원병 정도에 무소속 국회의원으로 나간다는 것이 말이 되느냐? 여기에 대해서는 노회찬 의원도 한마디 했습니다. '이건 삼성이 동네 빵집하는 거나 마찬가지다'라고 말이죠. 기왕에 나갈 거면 부산 영도에 나가서 큰 싸움을 한번 붙어야 한다는 의견도 적지 않았습니다.

거기다가 복귀 시기도 문제였습니다. 일반적으로 말이죠, 역대 대선에서 실패했던 대선주자의 복귀 시기는 상당히 길었습니다. 김대중 전 대통령의 경우 92년에 패배한 뒤 2년 6개월이나 지난 뒤에 복귀를 했고, 이회창 전 고문의 경우에는 97년에 패배한 후 1년간의 공백기를 가졌습니다. 하지만 안철수 의원은 고작 3개월이라는 거죠. 이로 인해 '너무 빨리 복귀하고, 너무 작은 것(무소속 국회의원)에 연연한다'는 평가를 받은 것도 사실이었습니다.

거기다가 또 하나 결정적인 문제는 말이죠, 자꾸만 주변에 있는 사람들이 안철수 의원을 떠나간다는 겁니다. 이게 사실 한두 명이 아닌데 말이죠, 처음에는 김종인 전 의원이 안철수 의원이랑 가까웠지만, 어느 순간 멀어지게 됐습니다. 대선 전에는 윤여준 전 환경부 장관도 안철수 의원과 관계가 끊어졌습니다. 처음에는 '멘토'니 어쩌니 했는데 나중에 윤 전 장관은 이렇게까지 이야기했습니다.

"안 원장에 대한 기대도 없고 (그가 대선에) 나가든 말든 내 관심사가 아니다."

이 정도의 발언이라면 겉으로 표현은 못해도 뭔가 내심 큰 불만이 있다는 거, 그리고 이제는 더 이상 엮이고 싶지 않다는 뜻이 아니겠습니까?

그런데 더 결정적인 것은 안철수 의원의 '싱크탱크'라고 불릴 수 있는 정책네트워크 〈내일〉의 이사장이었던 최장집 교수의 사퇴였습니다. 사실 최장집 교수라고 하면 학계의 대부라고도 할 수 있지 않습니까? 거기다가 최 교수는 DJ정권 시절에 대통령 자문 정책기획위원장에도 임명(1998년 4월~1999년 4월)되어 많은 활동을 하셨던 분이죠. 이사장으로 이런 분을 영입했다는 것 자체가 진보적인 성향을 가진 사람들에게는 큰 기대와 희망을 가지게 했습니다. 그런데 최 교수가 취임 80일 만에 전격적으로 사퇴를 하게 됐습니다. 물론 표면적인 이유는 명백합니다. '학자로서 한 발언이 정치적인 의도로 비춰지는 것이 힘들었다'는 내용이죠. 그간의 사정이야 어찌됐던, 이로 인해 안철수 의원은 인재영입의 유일한 사례이자 정치적인 멘토까지 잃어버린 상황에 처하게 됐습니다.

이쯤해서 한 번 생각해봐야 할 것이 이른바 '덧셈정치'와 '뺄셈정치'

라고 하는 것입니다. 뺄셈정치란 계속해서 사람들이 빠져나가는 정치고 덧셈정치란 시간이 흐를수록 계속 사람들이 모이는 정치죠. 좋은 정치인 옆에는 사람들이 계속 모이는 법, 그런 면에서 지금 안철수 의원의 곁을 누군가가 계속 떠나간다는 이미지는 상당히 좋지 않은 것 같습니다.

자, 여기까지만 보자면 안철수 의원의 정치적인 행보는 지지자들에게 여러 가지 실망을 안겨주었다고 볼 수 있습니다. 정치공학적인 면에서도 여러 가치 패착이라고 불릴 만한 내용이 있다고 볼 수 있겠죠. 그렇다면 정말로 안철수 의원은 향후 대권에서의 성공 가능성이 희박해지는 걸까요? 거기다가 '무소속 의원'으로 그저 몇 년간 국회의원 생활만 하는 것이 전부일까요? 물론 아직은 이렇게 속단하기는 너무 빠를 것입니다. 자, 그럼 이제부터 진짜 이야기, 그간 안철수 의원이 해왔던 여러 가지 행보의 '재구성'을 통해서 그의 진심과 진짜 리얼한 속내를 살펴보겠습니다.

우선 한 가지 확실하게 전제해야 할 것이 있습니다. 이것이 전제되지 않은 이상, 사실 이제껏 안철수 의원이 보여주었던 모습에서 우리는 '껍데기' 밖에 보지 못하고, 또 그것의 '전체적인 맥락'을 바라보지 못하게 됩니다. 살다보면 같은 것도 어떤 전제를 두고 보느냐에 따라 큰 차이가 있을 수 있지 않습니까? 안철수 의원에 대한 이야기도 마찬가지입니다. 그것은 바로 안철수 의원이 '정치 초년생'이라는 것입니다. 비록 그가 엄청난 국민적 관심과 지지를 받고 정치에 데뷔했다고는 해도, 아직 정치의 생리와 정치권의 움직임에 대해서는 잘 모르는 초보자에 불과하다는 것이죠.

예를 들어보면 이런 거죠. A와 B가 링 위에 올라가서 한판 신나게 붙었습니다. A가 일방적으로 싸움에 이겨서 승리를 했다고 합시다. A는 승리자고, B는 패배자죠. 근데 알고 보니 A는 데뷔 10년차 프로였고, B는 이제 막

데뷔한 사람입니다. 이
렇게 되면 상황은 좀 달라
집니다. A는 '승리자'가 아니라
'당연히 이겨야 되는 사람'이 되는
거고 B는 '패배자'가 아니라 '프로 10년
차와 싸워서도 끝까지 선방을 한 사람'
이 되는 거죠. 그렇지 않습니까? 우
리가 안철수 의원을 바라볼 때
에 이런 점을 간과해서는 안
된다는 거죠. 안철수 의원을 지지하는 사람들은 바로 이 같은 시각에서 아
래와 같이 상황을 재구성합니다.

우선 노원병을 선택한 것부터 다시 살펴보자면, 일부 사람들의 의견처
럼 분명히 '삼성이 동네빵집'을 하는 격일 수도 있습니다. 확실히 안철수 의
원의 몸집이 삼성일 수는 있겠지만, 어찌됐건 그는 이제 막 빵집을 개업한
사람입니다. 아무런 경험도 없는 사람이 강남 한복판에 가서 권리금 수억
원씩 내고 장사하는 건 누가 봐도 무모한 일이 아니겠냐는 겁니다. 결국 그
런 점에서 안철수 의원이 노원병에서 국회의원을 했다는 것은 어떤 면에서
나쁜 선택은 아니었다는 거죠.

거기다가 '왜 부산 영도를 선택하지 않았냐'는 것도 마찬가지라고 말합
니다. 비판하는 시각에서는 대부분 '지역주의를 깨기 위해서 그 정도 도전

은 해야 하는 것 아니냐'
는 이유를 대곤 합니다. 하지
만 과연 그럴까라는 것이죠. 부산
영도는 예전에 지역주의를 깨기 위해
노무현 전 대통령도 출마를 했던 곳입니
다. 그래서 지금 지역주의가 깨졌다고 보십니까? 부
산 영도에 출마해서 대통령까지 된 사람이 있어도 지역
주의가 아직도 안 깨지고 있는데, 안철수 의원에게 '왜 지역
주의를 깨기 위해 부산 영도에 출마하지 않느냐'고 말하는 게
의미가 없다는 거죠. 거기다가 향후 호남 사람들에 대한 '결례' 문제도 대두
가 될 수 있을 듯합니다. 사실 뭐니 뭐니 해도 안철수 의원의 지지자는 호남
세력이 아니겠습니까? 그런데 정작 국회의원은 부산 영도에서 해놓고 나중
에 호남 사람들한테 가서 '나 대선에 출마할 테니 지지해주시오'라고 한다
면 이것도 결례라는 거죠.

복귀 시기도 마찬가지입니다. 1~2년을 자숙하는 경우도 많지만, 이번
대선의 경우에 안철수 의원에게 결정적인 패인이 있다고 보기는 힘듭니다.
그런 점에서 3개월 후 복귀는 타당성이 있다는 이야기죠. 그런 점에서 이제
껏 대권을 목표로 두고 있는 안철수 의원이 걸어온 길은 전체적으로 봐서
크게 나쁘지 않은 선택을 해왔다, 이렇게 본다는 것입니다.

그럼 역시나 문제는 다시 '리더십'으로 되돌아옵니다. 김종인 전 의원, 윤여준 전 환경부 장관, 그리고 최장집 〈내일〉 이사장의 사퇴에 이르기까지, 그의 리더십 문제가 도마 위에 오르고 있습니다. 바로 여기에서 우리가 다시 한 번 대두되는 것이 앞에서 말했던 '전제'입니다. '정치 초년생'에 불과한 안철수 의원의 상황과 아직은 미숙한 정치적 경험 앞에서 지금의 리더십 문제가 발생하고 있다는 이야기입니다. 가장 대표적인 최장집 이사장의 사퇴 문제를 보겠습니다. 이 부분에서 안철수–최장집 팀이 결정적으로 간과했던 것은 바로 기존 정치권의 전투적이면서도 공격적인 성향을 미처 예상하지 못했다는 것, 그리고 스스로 정치 집단화되는 과정에서 생기는 역경을 이겨낼 준비가 되지 않았다는 것이죠.

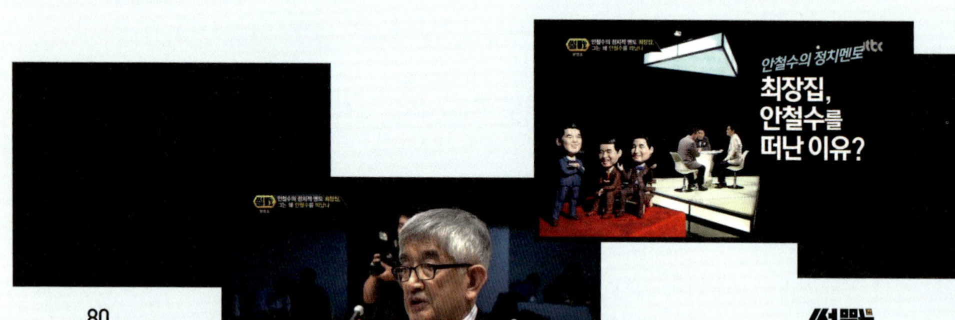

결정적인 사건은 바로 민주당 포럼에서 발생했던 논쟁이었던 것으로 알려지고 있습니다. 당시 최장집 이사장은 민주당의 초청으로 강연을 하면서, '민주당은 프랜차이즈 정당이다. 정당정치의 퇴행이 이루어지고 있다'고 분석했죠. 그런데 그 자리에서 몇몇 민주당 의원이 최 이사장을 격렬하게 공격하기 시작했습니다. 이때 최 이사장은 소위 '멘붕'을 경험하게 된 거죠. 이제까지, 그러니까 안철수 의원과 일을 하지 않았을 때에는 '진보학자'로서 존중받고, 어떤 진영이든지 적어도 앞에서만큼은 듣는 척이라도 했는데, 어느 한순간 안철수 의원과 엮이고 나니까 이제는 공격을 한단 말이에요. 여기에서 정신적 충격을 받았다는 겁니다. 거기다가 최 이사장 측에서는 정치적 세력화 과정에서 일정 부분의 역할을 해야 한다는 것에서도 부담을 느꼈다고 합니다. 그러니까 〈내일〉 안에서 일정한 정치적 역할을 맡아야 하는데 그게 학자로서 쉽지 않았다는 이야기죠.

사실 이 부분은 최 이사장과 안 의원 모두의 잘못이라고도 볼 수 있습니다. 따지고 보면 현 시점에서 정책네트워크 〈내일〉에 참여한다는 것은 무엇을 의미하는 거겠습니까? 그건 곧 현실 정치에 참여한다는 이야기가 아니겠습니까? 안철수 의원이 대권에 대한 도전의 의지가 없다면 〈내

일)은 뭐 그냥 저냥 순수한 연구소의 역할을 할 수도 있고, 거기에 참여하는 최 이사장 역시 그냥 '연구소장'의 역할을 할 수도 있습니다. 그런데 이건 그게 아니지 않습니까. 대권 도전에 나서는 안 의원의 옆에 선다는 것은 곧 '안철수의 편'이라는 것을 의미하는 거죠. 그런데 '나는 안철수의 편이 아니고 그냥 일개 학자일 뿐이다?', 이게 이렇게 보기가 쉽지 않은 거거든요.

거기다가 사실 그 어떤 집단도 정치 세력화가 되기 시작하면 그곳에 참여한 사람들이 일정 부분 역할을 맡아야 하는 것도 사실입니다. 실무자는 궂은일을 맡고, 수장은 큰일을 맡으면서 각자 열심히 하며 하나의 정치 세력을 만드는 거죠. 그런데 '안철수의 싱크탱크'라고 불리는 핵심적인 곳에 있으면서 정치적인 역할을 맡지 않겠다는 것도 좀 어설픈 일이라고 할 수 있습니다.

그런데 사실 이건 옳고 그름의 문제는 아닙니다. '미숙하다', '현실정치에 익숙하지 못하다'라고 평가할 수밖에 없을 뿐이죠. 아직은 안철수 의원이 이런 것들을 감내하기 힘든 상황인 것 같습니다.

안철수 의원을 지지하는 분들은 이런 상황에 대해 이렇게 변을 합니다. 어쩌면 지금 안철수 의원은 현실 문제에 부딪히고 그 과정에서 사람이 오가는 것을 두고, 오히려 자신과 함께 할 사람들을 검증하는 절차로 삼는 것은 아니냐는 거죠. 비록 자신도 예상하지 못했던 일들이 팡팡 터질 때마다 내심 당황스럽기는 하겠지만, 이 과정에서 오히려 주변 사람들에 대한 검증을 하고 있다는 반론입니다.

사실 안철수 의원을 보면 표정의 변화가 별로 없습니다. 그토록 영입에 애썼던 최장집 이사장이 떠났는데도 그냥 멀뚱멀뚱한 '철수 표정' 그대로 입니다. 물론 그도 정치인이니 속내의 일희일비를 드러낼 수는 없겠지만, 너무 화내지 않고, 너무 슬퍼하지 않는 것도 이거 좀 이상한 일이 아닙니까?

사실 '본격적인 레이스'는 아직 시작도 되지 않았습니다. 정치 초년생 안철수는 이제 이러한 수많은 좌절을 겪으면서 정치인으로서 단단하게 성장해 가는 자신의 모습을 보여주어야만 국민들의 지지를 얻을 수 있습니다. 그것은 명확하게 본인의 몫이며 현실정치에 뛰어든 이상 부인할 수 없는 일이기도 합니다. 여기에서 한 가지 생각나는 것은 바로 안철수 의원이 귀국 후에 기자회견에서 했던 말입니다.

"국민을 위한 정치를 위해 어떤 가시밭길도 걸어가겠습니다."

안철수 의원은 이미 '가시밭길'을 걷고 있습니다. 사람들이 자신을 떠나고, 정치적인 공세를 당하며, 때로는 자신의 의지가 평가 절하되는 상황이죠. 하지만 정말로 안철수 의원이 '국민을 위한 정치'의 길을 걸어가고 싶다면 앞으로도 자신의 앞에 펼쳐질 가시밭길을 잘 걸어가는 수밖에는 없을 것입니다.

안철수 싱크탱크에 대해
한마디 한다면?

"저는 싱크탱크는 사실상 창당 선언이라고 보는데요, 굉장히 새로운 정치실험입니다. 3김 외에는 정당 창당에 성공한 사람이 없거든요. 여기서 성공하지 못하면 사실상 대선 성공 가능성도 희박하다고 봅니다. 새정치의 첫 번째 일환인 거죠."

"초심을 잃지 말고 뚜벅뚜벅 갔으면 좋겠습니다."

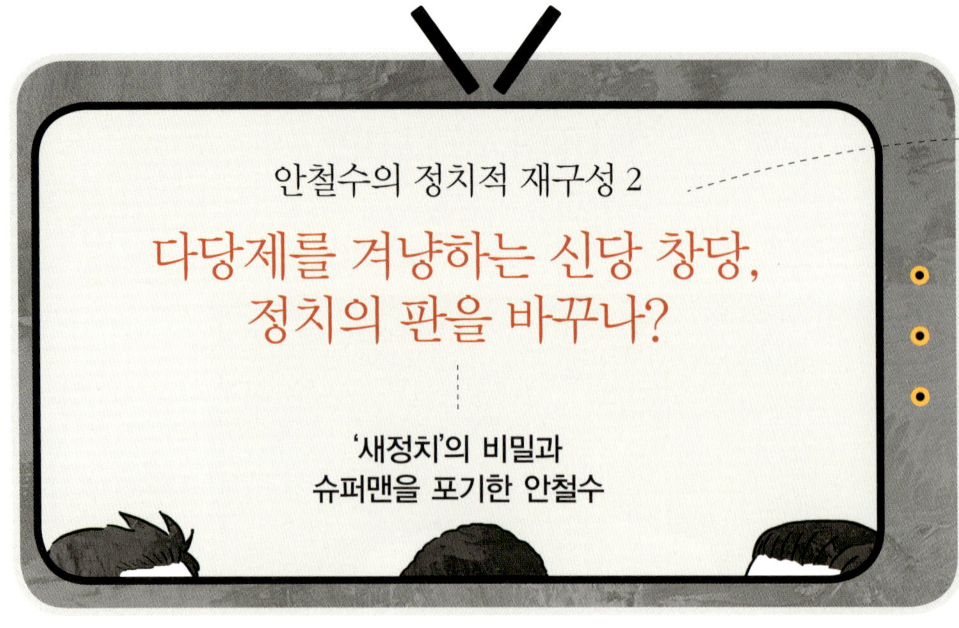

지난 11월 28일, 드디어 안철수 의원이 신당을 창당하면서 본격적인 정치세력화의 신호탄을 쏘아 올렸습니다. 이 부분에 대해서는 그간 끊임없는 논쟁이 있었죠. 창당이 되느냐, 안 되느냐, 올해 나온다, 너무 이르다 등 많은 관심이 쏠렸던 정치적인 이슈이기도 했습니다. 그런데 놀라운 사실은 신당 창당에 대한 선언이 나오자마자 그 지지율이 엄청났다는 것입니다. 안 의원이 정치세력화에 대한 기자회견을 하기 이틀 전, 여론조사를 한 결과가 있습니다. 한국사회여론연구소(KSOI)가 발표한 결과에 따르면요, 새누리당이 37.9%, 안철수 신당이 27.3%, 민주당이 12.1%로 나왔다고 합니다. 이제까지 제1야당이었던 민주당을 2배 정도의 압

도적인 비율로 이긴 것이죠. 민주당의 입장에서는 참 답답한 심경일 것입니다. 실제로 신당 창당 후 각 당의 입장을 보면, 새누리당보다는 민주당 쪽에서 더 복잡한 심경을 드러내기도 했죠. 물론 이러한 지지율이 지속될 것인가는 그 누구도 알 수 없는 일이지만, 어쨌든 간에 이제 정치계에도 지각변동이 시작된 것만큼은 사실인 것 같습니다.

자, 그러면 이제 신당 창당이 선언된 만큼, 과연 안 의원의 '새정치'는 무엇이고, 그것이 어떤 식으로 정국에 영향을 끼치게 될지 살펴보도록 하겠습니다.

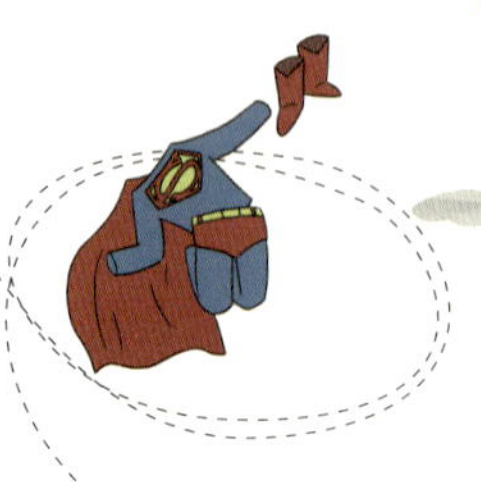

　　안철수 의원의 정치적인 비전은 바로 '새정치'입니다. 근데 많은 사람들이 이 새정치가 뭔지를 잘 모르고 있습니다. 오죽했으면 사람들 사이에서 '새정치는 대한민국 3대 미스터리'라는 말까지 나오겠습니까? 그런데 여기에 대해서 안 의원은 지난 8월 7일 자신의 공식 홈페이지에서 의견을 밝힌 바가 있습니다.

　　"어떤 분들이 새정치가 뭐냐고 하십니다. 아시지 않습니까. 대한민국 3대 미스터리^^. 답은 간단하다고 생각합니다. 목소리조차 내기 힘든 분들을 대변하고 민생을 해결하는 것입니다."

　　사실 이 글을 보고도 고개를 갸우뚱 하는 사람들이 많았던 것은 사실이었습니다. 이게 너무 원론적이라는 이야기죠. '길거리에 담배꽁초 버리면 나쁜 행동입니다'와 뭐가 다르냐고 되묻습니다. 예를 들어서

PD에게 '예능 프로그램 어떻게 만들 건데?'하고 물어봤는데 '재미있게 자~알 만들겠습니다', 이렇게 대답하는 거랑 뭐가 다르냐는 거죠. 모두들 '새정치'에 대한 차별화된 답을 기다려왔는데, 과연 '민생'이 새정치라면 그건 너무 부족하다는 반응이었습니다. 따지고 보면 그간 박근혜 대통령도 끊임없이 민생을 외쳐왔다는 점에서 보면, '새정치'를 하고 있는 셈이 아니냐는 것이죠.

그런데 안철수 의원을 지지하는 쪽은 이런 비판적인 시각에 대해 이렇게 말합니다. 사람들이 '새정치'라는 것에 대해서 지나치게 높은 기대감을 가지고 있었고, 그런 점에서 오히려 이 '새정치'라는 것에 과도한 오해를 하고 있다고 말입니다.

자, 앞에서 나왔던 담배꽁초에 대한 이야기를 한번 해봅시다. 누군가가 길거리에 서서 '길거리에 담배꽁초 버리면 나쁜 행동입니다!'라고 소리를 치고 있다고 해봅시다. 그러면 지나가는 사람들이 이렇게 말하겠죠. '야, 그거 모르는 사람이 어딨어?', '쟤 왜 저래? 너무 당연한 말을 가지고?'라고 말할 수도 있습니다. 바로 여기까지가 이제까지 안철수 의원이 말했던 '새정치'에 대한 반응들이라는 것이죠. 그런데 말이죠, 그렇게 '길거리에 담배꽁초 버리면 나쁜 행동입니다!'라고 외치고 있는 사람의 발밑을 보았더니 길거리 여기저기에 담배꽁초가 수북하게 쌓여있고 길가는 사람들이 여전히 담배꽁초를 버리고 있는 겁니다. 담배꽁초만 버립니까? 침까지 뱉고 있는 거죠. 상황이 이렇다면 어떨까요? '길거리에 담배꽁초 버리면 나쁜 행동입니다!'라는 말을 하고 있는 사람한테 '쟤 왜 저래?'라고 말할 수 있냐는 것입니다. 오히려 이제껏 담배꽁초를 버려왔던 자신을 반성해야 옳은 일이라는 거죠.

이런 시각에서 바라보면, '새정치'라는 말은 이런 의미를 지니게 됩니다. 정치가 민생을 위해서 일해야 한다는 것은 당연한 말입니다. 근데 당연한 말이 너무도 당연하지 않게 지켜지지 않고 있으니 다시 한 번 '당연한 말'을 할 수밖에 없다는 거죠. 그런 면에서 안철수 의원의 '새정치'는 과거에 전혀 없던 새로운 논리, 새로운 컨셉이 아니라 이제까지 민생을 돌보지 못했던 정치권에 대한 과감한 비판이라고 볼 수 있습

니다. 실제 안철수 의원이 올린 글을 좀 더 자세히 살펴보면 이 부분도 충분히 나와 있습니다.

"제 생각에 새정치는 없던 것을 새로 만드는 것이 아닙니다. 많은 국민들께서도 정치는 원래 할 일을 해야 한다고 말씀하셨습니다. 싸우지 말고, 막말하지 말고, 반대를 위한 반대를 하지 말라는 게 국민들의 요청이었습니다."

안 의원은 말하고 있습니다. 그냥 해야 할 것을 하자고. 학생은 공부를 해야 하고, 근로자는 열심히 일을 해야 하고, 부모님은 자녀들을 잘 보살펴야 하듯이, 정치는 민생을 잘 해결해야 한다고 말합니다. 비록 그것이 '새정치'라고 하든, '아주 새정치'라고 하든, '샤방샤방 New 정치'라고 하든지, 그것이 무슨 상관이겠습니까? 그래서 어떻게 보면 안 의원의 '새정치'라는 것은 정치적인 구호가 아니라 기존의 정치권에 대한 강한 비판이라고도 볼 수 있습니다. 너무도 당연한 말을 다시 꺼내면서 그것의 필요성을 역설적으로 강조하는 전략이라고 할 수 있다는 이야기입니다.

그럼 다음으로 살펴볼 것은 '그 방법은?'이라는 부분입니다. 원래 그렇지 않습니까? 뭐든지 새로운 걸 하려는 사람은 일단 과거에 대해 비판을 하고 자신만의 방법을 제시합니다. 안철수 의원의 '새정치'가 과거 정치에 대한 맹렬한 비판이었다면 이제 다음으로 중요한 것은 그가 과연 '무엇을 어떻게' 할 것인가 하는 부분이지요.

자, 그러면 안 의원은 이렇게 새 정치를 이루기 위한 구체적인 방법론으로는 어떤 것을 생각하고 있는 걸까요? 이제까지의 행보를 본다면 안철수 의원은 '슈퍼맨'의 길을 선택하는 것이 아니라 '판을 바꾸는 자'의 길을 선택했다는 정황이 속속 드러나고 있습니다. 그럼 슈퍼맨과 판을 바꾸는 자의 차이는 뭘

까요?

　슈퍼맨은 말이죠, 자기 혼자의 엄청난 힘으로 사람들을 구하는 사람입니다. 어떤 역경에 닥쳐서도 본인의 능력으로 사람들의 생명을 구해내는 거죠. 반면에 판을 바꾸는 자는 혼자의 힘에 의지하기보다는 전체적인 지형과 구조, 시스템을 바꿈으로써 사람들이 보다 안전한 환경에 있을 수 있도록 하는 사람이죠. 그런 점에서 봤을 때 안철수 의원은 슈퍼맨이 아닌 판을 바꾸는 자의 길을 택했다고 볼 수도 있습니다.

　우선 말이죠, 안철수 의원의 신당은 장기적으로 봤을 때 다당제를 염두에 두고 있는 것이 아니냐는 이야기가 일각에서 흘러나오고 있습니다. 일단 안 의원 스스로가 '강력한 제3의 정치세력'을 표방하고 있는 만큼, 다당제로 가면서 전체적인 정치의 판을 바꾸려는 게 아니냐, 이런 관측이 나오는 거죠. 과거 안 의원이 최장집 전 〈내일〉 이사장을 영입했던 것만 봐도 그렇습니다. 최장집 전 이사장은 안철수 의원과는 무관하게 예전부터 현재의 양당정치로는 결코 민주주의를 완성할 수 없다고 본 대표적인 인물입니다. 그래서 다당제를 통해서 문제점을 보완하자고 주장했던 것입니다. 안철수 의원이 '십고초려'를 해서 데려오고자 했던 사람이 바

로 최장집 전 이사장이었다는 점을 감안하면 안 의원 역시 다당제에 대한 충분한 고민과 함께 그에 대한 선호를 가지고 있다고 풀이할 수밖에 없습니다.

자, 두 번째로는 말이죠, 안 의원과 가장 가까운 사람이자 거의 대변인격이라고 할 수 있는 송호창 의원이 앞에 나서서 '다당제'의 필요

성을 역설하고 있다는 것입니다. 송 의원은 최근에도 여의도 국회의원 회관에서 열린 '한국식 정당명부비례대표제 전면 도입과 정치개혁' 토론회에서 '정치기득권의 타파와 다당제 출현을 위한 기반조성이 필요하다'는 의견을 피력했습니다. 결국 지금의 선거구제를 고치고 다당제의 가능성을 열어서 새로운 정치 개혁이 필요하다는 이야기죠. 여기다가 흥미로운 사실은 민주당의 일부 당직자나 의원들이 안철수의 이러한 다당제 및 선거구 개혁에 대해서 적극적으로 지원하기 시작했다는 것입니다. 민주당 박기춘 사무총장, 민주당 김영환 의원 등이 앞서서 제3정당의 성공을 위해서 한 선거구에서 여러 명의 국회의원을 뽑는 중대선구제로의 개편이 필요하다는 이야기도 했습니다.

사실 애초에 안철수 의원이 무소속으로 국회의원에 출마하는 것에 대해서도 회의적인 시각이 많았던 것은 사실입니다. 왜냐하면 정당도 없이 그냥 무소속으로 국회의원을 해서 뭐하냐는 것이죠. 실제 이런 경우가 있었습니다. 지난 17대 대선후보였던 민주당 정동영 고문이 2009년에 국회의원에 나가려고 하니까 민주당에서 공천을 해주지 않았습니다. 그래서 혼자 전주로 가서 무소속 국회의원이 됐죠. 물론 본인은 국회의원 뺏지를 달 수 있어서 좋을지 모르겠지만, 그게 전체적인 정치의 변화와는 무슨 상관이냐는 거죠. 바로 안철수 의원도 마찬가지가 아니겠냐는 생각이 팽배했던 것만큼은 사실이었습니다.

근데 막상 안 의원이 국회에 진입하고 지금 흘러가는 것을 보고 있자니, 안 의원은 일단 국회에 입성한 후 전체적인 판을 바꾸려는 전략을 가지고 있었던 것으로 보입니다. 특히 이제 신당 창당에 대한 기자회견도 하고, 아직까지는 높은 지지율을 보이고 있는 만큼 안철수 의원의 전략이 초반에는 어느 정도 효과가 있는 것처럼 보이기도 합니다. 뿐만 아니라 안철수 의원에 대한 지지율은 지역 구도에서도 상당한 효과를 발휘할 것으로 예상됩니다. 신당 창당 전에 했던 여론조사 결과를 보면, 호남에서의 지지율은 민주당 28.2%, 안철수 신당 42.8%로 나오고 있습니다. 새누리당과 비교해도 9~10%의 지지표가 안철수 신당으로 옮겨가고 있습니다. 결국 다당제라는 구체적인 전략 하에서 신당을 창당하면 민주당과 새누리당의 지지율을 모두 끌어내면서 제3정당으로 우뚝 설 수도 있다는 이야기죠. 그런데 만약 다당제가 아닌 양당제로만 구현되어 있는 현재의 판에서 신당을 만들어봤자 결국에는 두 고래 사이에서 표류하는 안타까운 새우 신세가 될 수밖에 없다

는 계산도 있을 수 있습니다. 물론 신당의 구체적인 모습과 시기는 아직 알려지지 않았기 때문에, 실제로 이런 예상대로 움직이게 될지는 미지수이긴 합니다.

사실 한 정치인이 슈퍼맨의 길을 선택하느냐, 판을 바꾸는 길을 선택하느냐에 대한 의견을 저마다 다를 수는 있습니다. 그런데 '현실정치'라는 면을 감안했을 때 과연 한 명의 슈퍼맨이 얼마나 많은 생명을 구할 수 있겠습니까. 거기다가 지구를 멸망시키려는 적이 사라지지 않는 한 슈퍼맨의 수고로움은 끝도 없을뿐더러 정말로 세상이 바뀌길 기대하기는 쉽지 않습니다. 하지만 판을 바꾼다면 이야기는 확실히 달라집니다. 물론 안철수의 의원의 생각이 먹혀들 것이냐, 그렇지 않을 것이냐는 두고 봐야 하는 일이겠지만요.

안철수의 새정치 논란

1 안철수 의원이 자신의 공식 홈페이지에 새정치에 대한 글을 올렸습니다. 대한민국 3대 미스터리에 대한 답을 해주셨는데 말이죠.

2 이걸로 답이 된다고 생각하시는 분들이 몇 명이나 계실는지…?

3 더 미스터리해진 건가요?

4 미스터리하다기보다는 아무 생각이 없구나, 라는 걸 단적으로 보여주는 게 아닌가…? 길거리에 담배꽁초를 버리면 나쁜 행동입니다, 이 정도 수준이에요.

5 여전히 원론적이다?

6 원래 정의는 추상적으로 내리는 거구요, 강변호사가 국회의원 하던 시절에 민생이 어땠어요? 민생 해결했어요? 반성하는 자세를 가져야지. 여러 정치인들이 민생을 얘기했지만 지금까지 이게 잘 안됐잖아요? 이걸 본인이 어떻게 풀어갈 것인가는 숙제로 남아있지만, 일단 정의는 잘 내린 거죠!

8 그럼 비유를 맞춰보자고. 그동안의 정치는 담배꽁초를 버리는 정치였다면, 새정치는 담배꽁초 안 버리는 거다, 라고 말하는 거잖아요? 담배꽁초 버리는 데 일정한 책임 있는 사람들은 함부로 얘기하면 안 되지!

7 그렇게 따지면, 길거리에 담배꽁초를 버리면 나쁜 행동입니다, 이것도 새정치라는 거죠.

9 여기 강 변호사도 담배꽁초 버리는 데 책임이 있다, 이거죠?

10 담배꽁초만 버렸나? 침도 뱉었지!!

안철수 텃세 시나리오

아직까지 안철수 의원은 한 명의 의원일 뿐입니다. 잠재력이나 영향력은 막강할 수 있겠지만, 신분으로만 봐서는 수많은 국회의원 중의 한 명이라는 이야기죠. 그러다 보니까 국회에 들어간 안철수 의원에 대한 '텃세 시나리오'까지 나오고 있는 상황인데, 이는 초선의원이라면 대부분 경험하는 통과의례이기도 합니다. 그럼 안철수 의원이 국회의원으로서 넘어야 할 벽에는 어떤 게 있을까요?

● **법안 발의에서의 텃세 시나리오** : 첫 번째는 법안 발의의 어려움입니다. 국회의원이 법안을 발의하려고 하면 최소 10명의 다른 의원들이 사인을 해줘야 하는데, 이게 생각보다 쉽지 않다고 합니다. 사실 무소속 국회의원이 제일 서러운 부분이 바로 이런 점입니다. 같은 당 의원이 없으니 다른 당 의원들에게 간절히 부탁을 해야 하는데, 안철수 의원에 대한 견제가 심한 상황에서 누가 사인을 해주겠냐는 겁니다.

● **정치선수들의 텃세 시나리오** : 두 번째는 정치선수들의 텃세입니다. 예를 들어 같은 상임위에 속한 한 50대 중후반의 재선이나 삼선 의원이 안철수 의원의 활동을 보고서 '어이, 안 의원, 그거 그렇게 하는 거 아니야~'라고 몇 번 강하게 이야기하면, 의정활동에 있어서 기가

팍 죽는다는 것이죠. 물론 이런 건 안철수 의원에게만 해당되는 것이 아니고 초선의원들의 통과의례이기도 합니다. 하지만 여기저기서 심한 견제를 받고 있는 안 의원의 입장에서는 만만한 일이 아니겠죠.

● **정치부 기자들의 텃세 시나리오** : 마지막 세 번째로 정치부 기자들의 벽을 넘어야 합니다. '대선 주자로서의 안철수'는 워낙 정국을 좌지우지할 정도의 막강한 이슈성과 힘을 가지고 있었기에 '안 교수님', '안 원장님'하고 불리면서 대접을 받았습니다. 하지만 국회의원이 되어서는 상황이 달라집니다. 노련한 정치부 기자들이 의원 방문을 뻥 차고 들어가 '어이 안 선배, 우리 밥 한번 먹읍시다'라며 폭탄주를 권하는 식인데요, 여기서 말실수라도 하게 되면 바로 부정적인 평가가 나오게 됩니다.

새누리당 vs 민주당, 지금 뭐하시는 겁니까

3

새누리당
黄

민주당

국정원 댓글 사건,
그 진짜 '끈'을 찾아서

'MB−원세훈·김용판−황교안−새누리당'으로
이어지는 수상한 이야기들

국정원 댓글사건, 지난 대선 직전에 발생해서 최근까지 정치계의 핫 이슈가 되었던 사건입니다. 또 '사이버 사령부'의 댓글 의혹까지 겹치면서 아직도 끝나지 않은 정치적 쟁점입니다. 더구나 국정원 댓글 사건 때문에 대학생들의 시국선언과 촛불집회까지 발생했으니, 아마도 최근 몇 년 사이에 가장 큰 정치적인 문제가 아니었나 싶습니다. 결국 원세훈 전 국정원장과 김용판 전 서울경찰청장이 구속이 되는 상황까지 이르게 됐는데요, 이 사건을 보면서 참 많은 국민들이 혀를 차고, 또 정치권에 실망도 많이 하셨을 거라고 봅니다. 물론 현재 시점에서 '이제 관련자들이 재판 받고 있으니까 다 끝난 일 아니냐'라고 보는 사람들도 있을 거고요, 또 '다음에

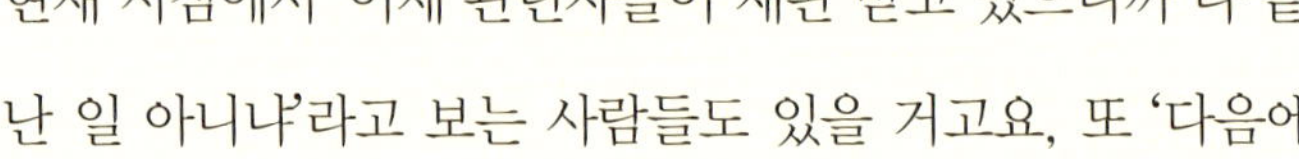

도 이런 일이 있어서는 안 되니까 이제 철저하게 대책을 간구해야 한다'는 분들도 있을 것입니다.

그런데 말이죠, 우리가 하나 잊고 있는 게 있습니다. 이것은 '그냥 사건'이 아니라는 거죠. 국정원장이 '야, 우리 대선도 있는데 댓글놀이나 해볼까?'라고 해서 시작된 것도 아닐 것이고, 국정원 직원들이 회의 시간에 '참신한 아이디어 발상'을 한답시고 댓글을 통한 선거개입을 제안했을 리도 없습니다. 중요한 것은 이러한 일이 '왜' 일어났느냐는 것, 그리고 그들의 배후에 과연 '누가' 있느냐는 것입니다. 국민들이 이 부분에 주목하지 않는 한, 이러한 일은 언제든 다시 일어날 수밖에 없는 '재발 가능한 사건'이라고 볼 수 있습니다. 그럼 이번에는 국정원 댓글 사건을 둘러싼 그 수상하고 이해하기 힘든 '끈'에 관한 이야기를 해보도록 하겠습니다.

사건 개요는 간단합니다. 다 아시다시피 국정원 직원들이 정치와 관련된 글이나 기사에 정치적인, 그리고 선거에 개입하겠다는 의도로 많은 댓글을 달고 그것으로 여론을 조작했다는 의혹을 받고 있는 것이죠. 우리가 여기서 첫 번째로 주목해야 할 부분은 말이죠, 바로 원세훈 전 국정원장입니다. 도대체 그는 어떤 사람일까? 이 분은 말이죠, 'MB정권의 소리 없는 2인자'로 불렸던 인물입니다. MB가 서울시장일 때 원세훈은 행정부시장을 했고요, MB가 대통령이 되자마자 행정안정부 장관이 됐습니다. 그리고 국정원장이 됐죠. 중요한 것은 그가 4년 동안 2주일에 한 번씩 MB를 독대했다는 거죠. 사실 이 정도면 엄청난 실세 중의 실세가 아닐 수 없습니다. 1년이 가도 MB를 독대하는 게 쉽지 않은 기관장이나 권력자들이 많은 상황에

108

서 2주일에 한 번씩, 그것도 4년을 지속했다는 것은 한마디로 '초근접 실세'라고 할 수 있습니다. 흔히 정치권에서는 '문고리 권력'이라는 말이 있죠. 가까이에서 문고리를 수시로 잡으면서 드나들 수 있는 사람이 권력자라는 이야기인데요, 원세훈 전 국정원장은 '귀때기 권력(?)'까지 가지고 있었던 사람이라고 볼 수 있습니다. 그럼 다시 한 번 정리해보면 말이죠, 'MB의 정권 말기-MB와 초근접 실세인 원세훈 전 국정원장-대통령 선거를 앞두고 있는 상황'이라는 구도가 펼쳐집니다. 이건 무슨 말일까요? 원세훈 전 국정원장에게는 뭔가 '끈'이 있었다는 이야기입니다. 〈MB정부〉와 〈여권이 차기 대통령이 됐으면 바라는 사람〉 사이에 있던 끈에 바로 이 원세훈 원장이 닿아 있었다는 겁니다. 그리고 이 끈 위에서 그는 위험하고 위태로웠던 댓글 조작을 시작했다는 이야기죠. 물론 이렇게 생각할 수도 있습니다. 그런 '끈'이라는 건 전혀 없고, 그냥 새 정부에 잘 보여서 자신의 정치적 생명을 연장한다든지, 하는 이런 희망을 가지고 '개인적으로' 댓글 조작을 지시했을 수도 있지 않냐, 라고 말이죠. 하지만 그냥 '개인적인 희망'을 위해 대통령 선거라는 이 엄청난 이슈의 한복판에 뛰어들었다? 만약 잘못됐을 경우, 그러니까 만약 야권이 바라는 사람이 대통령이 됐을 때에는 자신에게 직격탄이 올 수도 있음을 알고 있으면서도 단독으로 행동을 했다는 것은 말이 되지가 않습니다. 그것도 '국정원장'이라는 자리에 있는 사람이 앞뒤 판단도 하지 않고, 4년간 2주일에 한 번씩 독대를 했던 최고 권력자와 '전혀 무관하게' 일을 저질렀다고 보기란 쉽지 않다는 이야기입니다.

　　두 번째는 김용판 전 서울경찰청장입니다. 댓글 사건이 일어난 후 사건 조사에 들어간 경찰청은 대통령 선거 사흘 전 다급하게 수사결과를 발표했습니다. 그런데 그때 했던 말이 가관입니다.

　　'정치에 관여한 것으로 볼 수 있지만 선거운동이나 선거개입이라고 볼 수는 없다.'

　　누군가는 이 이야기를 듣더니 이렇게 비유해서 이야기하더군요.

　　'내가 너를 낳았지만, 나는 너의 부모가 아니다.'

　　자, 중요한 것은 왜 김용판 전 서울경찰청장이 이런 수사결과를 발표하라고 지시했냐는 것입니다.

　　그러니까 아까 원세훈 원장과 비슷한 구도가 또다시 형성됩니다. 대통령 선거를 앞둔 상황에서 그 무언가의 '끈'이 있었다는 거죠. 그런데 이 끈이 그 후에 진행된 국정조사에서 언급이 됐습니다. 무려 4시

간 동안 식사를 한 사람이 누구냐고 묻는 국회의원의 질문에 김 청장
은 '누군지 기억이 나지 않는다'고 말했습니다. 이게 무슨 5년 전, 10년
전 일도 아닌데, 누군지 기억이 나지 않는다는 건 말이 안 되지 않습니
까. 그리고 사실 그냥 간단한 점심식사라면 누가 식사를 4시간이나 할
까요. 이런 만남이라면 분명히 '아주 중요한 문제'이고, 식사자리를 핑
계 삼아 아주 중대한 논의를 했다고 볼 수 있겠죠.

이렇게 볼 때 원세훈—김용판으로 이어지는 댓글 사건 지시와 은폐
의혹의 핵심에는 바로 'MB정권에서 시작된 모종의 끈'이 있다고 볼 수
있지 않겠습니까? 물론 그 끈이 현재 박근혜 대통령과 어떤 방식으로
연결되어 있는지는 드러나지 않았습니다. 하지만 그러한 끈이 없다고
단언하기엔, 아직 해결해야 할 숙제가 많은 것 같습니다.

그런데 우리는 이 사건이 불거진 이후의 전개 과정을 통해서 또다시 그 '끈'의 실체에 접근할 수도 있을 듯합니다. 그 끈에 닿아있는 또 한 명의 인물이 있기 때문입니다. 바로 황교안 법무부 장관입니다. 이 사건에 대해 검찰이 본격적으로 원세훈 원장의 구속 수사를 추진하고 있을 때 황 장관은 구속을 반대하면서 사실상의 '수사지휘권'을 사용했습니다. 역대 검찰의 역사상 두 번째 수사지휘권 행사입니다. 이 수사지휘권은 그냥 법무부 장관에게 부여된 단순한 권한이 아니라 실질적으로는 검찰총장에게 '나가라'는 직접적인 사인이 담겨 있는 권한입니다. 실제로 지난 2005년 동국대 강정구 교수의 친북발언 때 당시 천정배 법무부 장관이 역사상 처음으로 수사지휘권을 행사했습니다. 그때 김종빈 검찰총장은 "이제 내가 더 할 일은 없다"며 사표를 냈습니다.

결국 황 장관이 검찰총장까지 내치면서 원세훈 원장을 보호하려고 했다는 것은 누가 봐도 상식일 것입니다.

그런데 여기서부터 좀 더 흥미진진한 이야기들이 펼쳐집니다. 황 장관의 수사지휘권 행사로 결국 검찰은 원세훈 원장에 대한 불구속 수사를 하기로 결정합니다. 이때까지만 해도 검찰이 굴복하는 것 아니냐는 평가가 팽배했죠. 하지만 검찰은 곧이어 '반전'이 있는 공격 하나를 감행했죠. 바로 원 원장의 개인 비리 의혹을 터뜨려 구속 수감하게 됩니다. 한 건설사로부터 1억 5천만 원을 받았다는 의혹이었죠. 원 원장은 '현금은 받은 적이 없고 선물을 받았지만 대가성은 없다'는 그 흔한 변명을 했지만 구속을 피할 수는 없었습니다. 법무부가 당황했던 건 너무도 당연했을 것입니다. 법무부 역사상 딱 한 번 밖에 행사되지 않은 수사지휘권까지 쓰면서 원세훈의 구속을 막으려 했는데, 갑자기 뒤통수를 맞아버린 거죠.

그런데 여기서부터 이제 '배신의 씨앗'이 싹트기 시작합니다. 원세훈 원장은 내심 수사지휘권까지 행사되면서 구속을 피하게 됐으니 아마도 안심을 하고 있지 않았을까요? 그런데 갑자기 개인 비리 의혹으로 구속이 되니 그때부터 화가 나기 시작합니다. 자신을 보호해주기로 했던 사람들이 제대로 해내지 못하고 자신이 구속이 되는 상황에 처하게 되자 이제 더 가만히 있어서는 안 되겠다는 생각을 하게 된 거죠. 바로 이것이 국정조사에서 출두한 원 원장의 다음과 같은 한마디로 드러나게 됩니다.

"국회 정보위에서 자꾸 정상회담대화록을 공개하라고 해서 답답한 마음에 권영세 당시 상황실장과 통화했다."

물론 이 말이 국정원 댓글 사건과 관련이 있는 이야기는 아니지만, 그간의 상황에 대한 '은밀한 비밀'을 드러냈다는 점에서 매우 중요한 사인을 날리고 있다고 봐야 합니다. 그건 바로 '너네들이 나를 계속 보호해주지 못하면 나도 가만히 있지 않을 거다'라는 점이죠. 물론 그 대상은 아마도 앞에서도 나왔던 '끈'이 아닐까 싶습니다.

김용판 청장도 앞에서 이야기했던 '수상한 점심'과 관련되어 이런 이야기를 했죠.

참, 누구랑 점심을 먹었는지 '기억까지 되살려야 할' 정도라니, 이게 포맷된 하드를 복구하는 것도 아니고 말이죠. 뭐, 어쨌든 둘 다 명확하게 메시지를 던진 것은 사실입니다. '기억을 되살릴 것이다'는 자체가 '자꾸 건드리면 더 이야기할 수도 있다'는 뜻이겠죠. 자신들에게 '미션'을 주었던 끈들에게, 하지만 더 이상 자신을 보호하지 못하는 그 끈들에게 던지는 메시지 말입니다.

여당은 왜 증인선서 거부를 두둔했나?

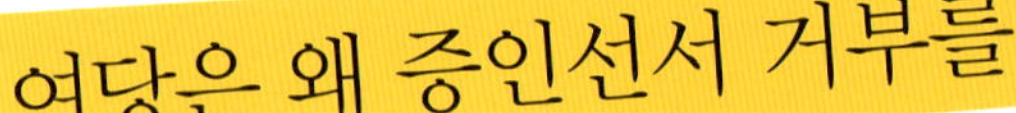

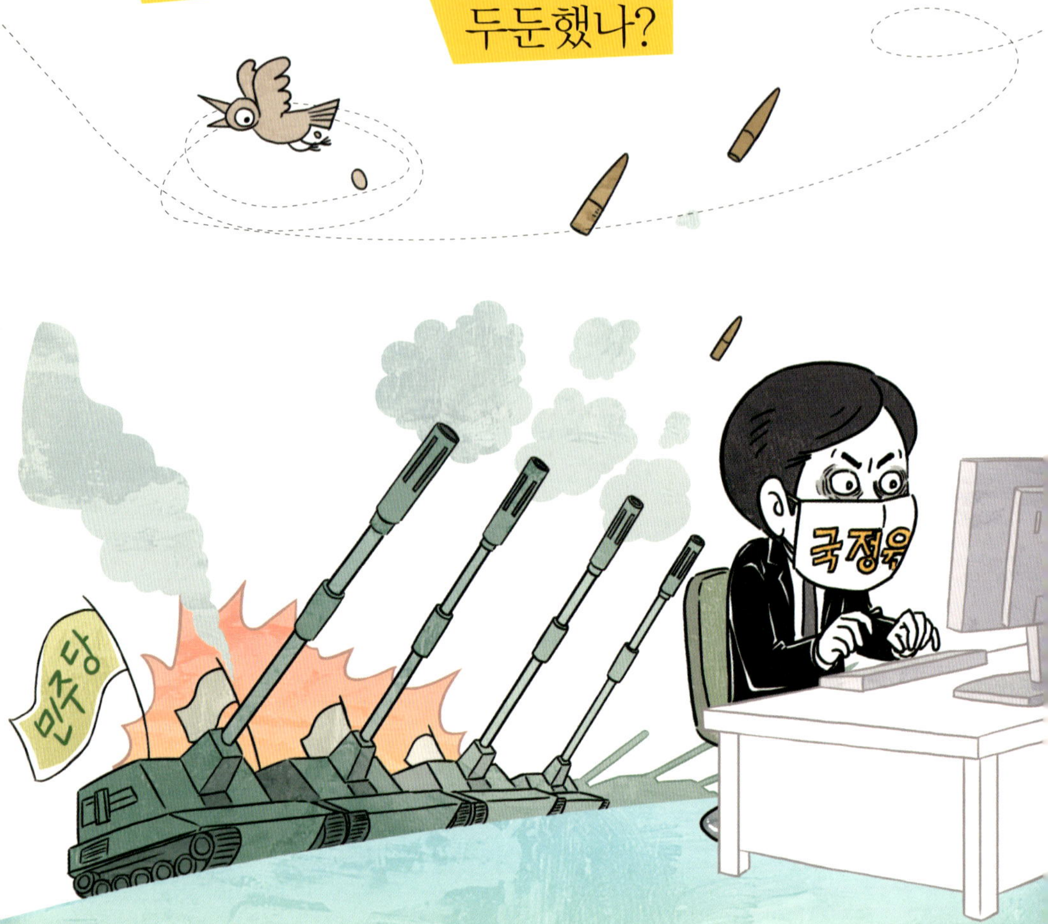

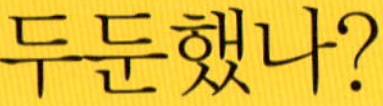

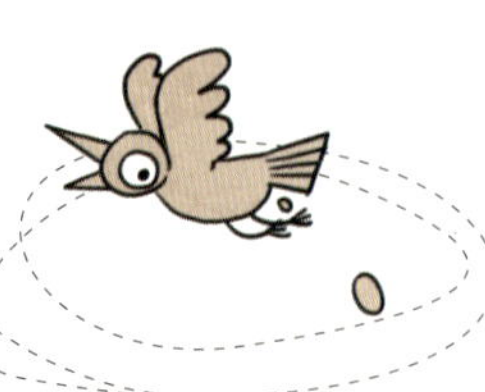

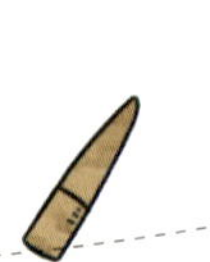

일반적으로 어떤 사건이 생기면 대부분 양쪽의 입장이 갈립니다. 이 둘 사이에는 아주 극명한 입장차이가 발생하는데요, 한쪽은 상황을 극대화 시키고, 그것의 현실적 상처를 최대한 드러내려고 노력합니다. 다른 한쪽은 사실을 최소화 시키고 방어하려고 합니다.

가장 대표적인 예가 바로 사상 초유의 국정조사 증인선서 거부 사태였죠. 김용판 청장과 원세훈 원장이 구속된 상태에서 진행된 국정조사에서 이 둘은 자리에 앉아 '증인선서를 거부하겠다'고 말했습니다. 증인선서란 흔히 '양심에 따라 진실을 말할 것이며 이를 어겼을 경우에는 위증죄의 처벌을 받겠습니다' 라는 취지의 선서입니다. 지난 20년의 국정조사 역사에서 단 한 번도 없었던

일, 바로 그 일이 이번 국정원 댓글 사건에서 발생했다는 거죠. 일단 이 사실만 봐도 이 국정원 댓글 사건이 얼마나 엄청난 폭발력을 가지고 있는지 알 수 있을 겁니다. 따지고 보면 과거 국정조사에 증인으로 나왔던 사람들은 속이 안탔겠습니까? 그러면서도 증인선서까지 거부하지는 않았다는 거죠. 당시 이 상황을 보고 있던 민주당 의원들은 두 눈이 동그래질 정도로 놀래서 '예? 뭐요?'라고 반문까지 했습니다.

그렇다면 도대체 왜 이들은 증인선서를 거부했을까요? 답은 딱 두 가지 밖에 없지 않겠어요? 첫 번째는 증인선서를 하고 거짓말을 했을 경우에는 위증죄로 처벌될 가능성이 있으니까. 두 번째는 현재 재판을 받고 있는 상황에서 국정조사에서의 발언과 재판 과정에서의 발언이 달라지면 둘 중에 하나는 거짓말이라는 결과가 나오니까. 따라서 증인 선서를 하지 않겠다는 건 '나는 거짓말을 할 수도 있어요'라고 아예 까고 시작하는 거 아니냐는 거죠. 도대체 이런 청문회를 왜 하는 지는 모르겠지만, 어쨌든 이들은 그렇게 마치 입이라도 맞춘 듯 사상 초유의 증인선서 거부를 했습니다. 더 놀랄 만한 사실은 이들은 '보호'하려고 했던 새누리당 의원들입니다.

그때 권성동 새누리당 국조특위 간사는 이렇게 이야기했습니다.

"피고인이 자신의 방어권을 보장받기 위해 법에서 허용한 권리를 행사하는 것을 두고 떳떳하지 못하다느니, 비겁하다느니 그런 식의 인신공격을 하는 것은 바람직하지 못하다고 생각합니다."

하지만 이러한 말들은 결국 두 사람의 거짓말을 용인하겠다는 태도밖에 되지 않습니다. 특히 국정조사라는 것은 입법부의 마지막 자존심이라고까지 할 수 있습니다. 심지어 여당 내부에서도 증인선서 거부 사태를 여당이 두둔했다는 것에 대한 강한 비판이 제기되고 있는 상황이죠.

어떻게 보면 이 국정원 댓글 사건은 그저 단순한, 그리고 한때 있었다가 사라질 사건이 아닙니다. 이는 'MB-국정원(원세훈)-경찰(김용판)-법무부(황교안)-새누리당'으로 이어지는 전체적인 끈이 있을 수 있다는 이야기입니다. 이게 너무 '음모론적인' 시각으로 바라보는 것일까요?

1 국정원 국정조사 첫 청문회가 열렸는데, 김용판 전 서울경찰청장이랑 원세훈 전 국정원장이 청문회 증인선서 거부를 했네요!

2 처음이죠, 처음!

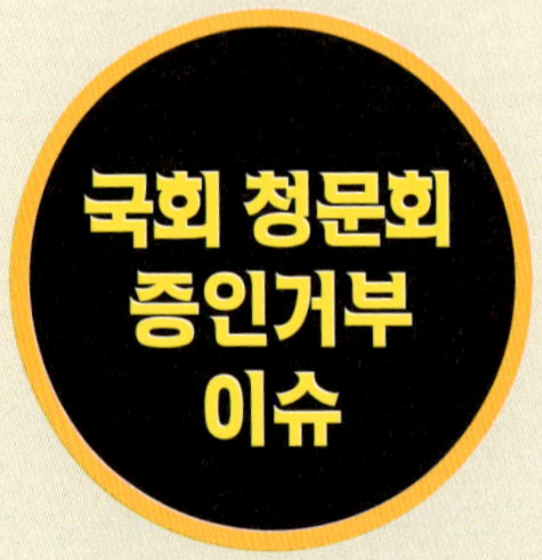

국회 청문회 증인거부 이슈

3 증인도 인권이 있다잖아요!

4 아니, 결혼식장에서 주례가 선서를 하라고 하는데, 제가 사랑은 하는데요, 이혼을 할지도 모르고 이 사람이 먼저 떠날 수도 있는 거고, 내가 잘못될 수도 있으니까…, 그래서 저는 그건 안하는 걸로 하겠습니다, 딱 그런 거네.

5 선서 거부를 할 수가 있긴 해요. 국회 증인과 감정에 대한 법률 제3조에 보면 증인이 선서를 거부할 수가 있는데 다만 이유를 소명해야 하거든요. 근데 그 이유로 뭘 들었냐면 형사소송법 148조에 보면 자기부재 거부 이런 게 있거든요. 내가 지금 형사 기소가 돼서 재판을 받고 있는데 그 재판에 영향을 미칠 우려가 있으니 선서를 거부하겠다, 이렇게 얘기한 거예요. 국회에서 얘기한 거하고 법정에서 얘기한 거하고 틀리면 둘 중에 하나는 거짓말한 거 아니에요? 그렇게 되면 크게 문제가 될 가능성이 있으니 거부한 거예요.

6 그건 결국 거짓말하겠다는 거잖아요!

7 그렇게 볼 수도 있죠. '거짓말 할 수도 있다'는 취지로 볼 수 있죠.

8 그럼 이건 도대체 왜 하는 거예요?

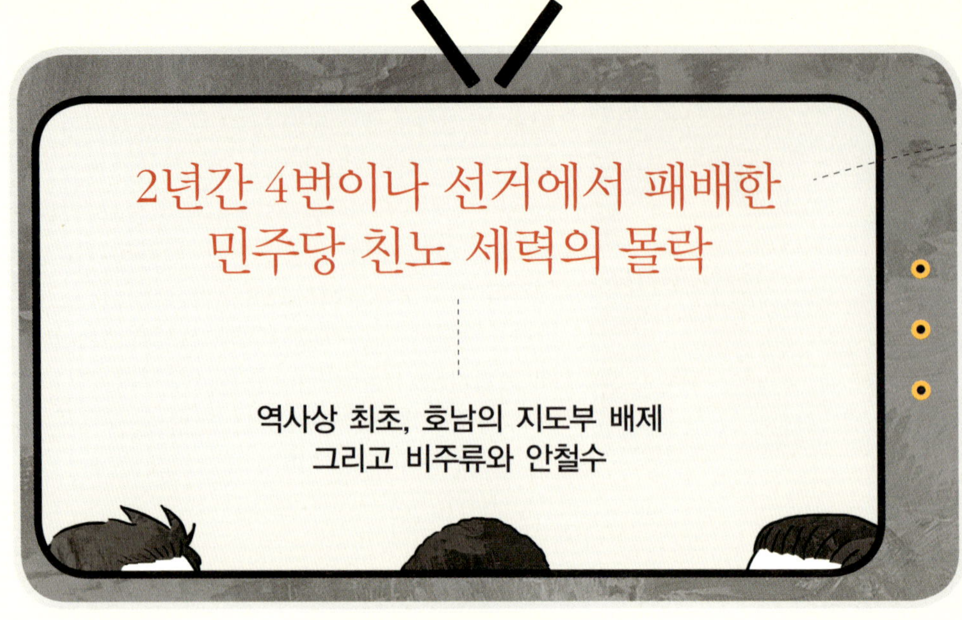

이번에는 민주당 이야기를 한번 해볼까 합니다. 지난 10월 30일에 치러진 국회의원 재보궐 선거에서 민주당은 또다시 패배를 했습니다. 지난 2년간 있었던 4번의 선거에서 모두 실패를 한 것이죠. 사실 정당이라는 게 결국은 권력을 잡기 위한 곳인데, 이렇게 4번이나 연속으로 패배를 하게 되면 그 위기감은 상당할 것으로 예상됩니다. 그런데 최근 말이죠, 민주당 내부에서는 상당한 변화의 기류가 확인되고 있습니다. 특히 지난 대선에서 문재인 후보가 패배한 후 민주당은 근본적으로, 그리고 체질적으로 바뀌고 있습니다. 여기에 안철수 의원이라는 변수가 함께 하면서 이러한 변화가 더욱 급물살을 타고 있고요.

　이러한 변화의 핵심은 말이죠, 그간 민주당의 주류 세력이었다고 할 수 있는 친노 세력의 급격한 몰락이라고 할 수 있습니다. 이제 더 이상 민주당 내에서 과거 친노 세력에 대해서 신뢰를 보내고 있지 않다는 이야기죠. 자, 그럼 그간에 민주당에서 어떤 변화가 있었는지 한번 살펴볼까 합니다.

실명과 점수가 난무한 대선평가 보고서

이 이야기는 지난 4월 19일 민주당이 발표한 〈18대 대선평가 보고서-패배원인분석과 민주당의 진로〉에서부터 시작됩니다. 서울대 한상진 명예교수가 위원회장을 맡은 대선평가위원회가 만들어진지 약 79일 만에 완성된 보고서죠. 근데 이 보고서, 실명이 난무하고 점수가 매겨진 아주 가혹한 보고라고 합니다. 우선 여기에서 가장 눈길을 끄는 건 바로 '대선패배 핵심 5인방'이 공개되었다는 것입니다. 이렇게 하니 당연히 문재인 후보가 1위를 차지할 것 같지 않습니까? 하지만 예상은 빗나갔습니다. 자, 그럼 순위가 어떻게 될까요?

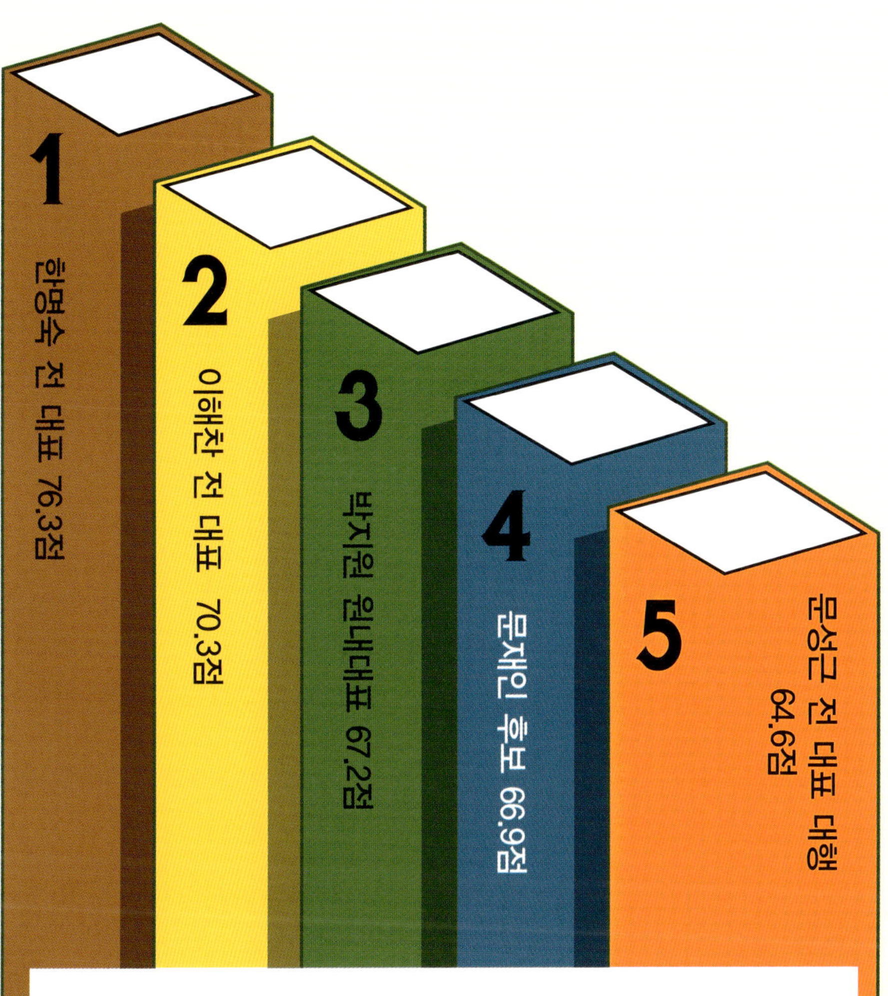

정작 대선후보였던 문재인 후보는 4위에 불과합니다. 도대체 이것이 의미하는 것은 무엇일까요? 이 질문은 '왜 1위, 2위, 3위가 모두 친노 세력일까?'라는 질문과 동일합니다.

한명숙 대표가 1위를 차지한 것은 지난 19대 총선에서 패배했기 때문입니다. 2012년 1월에 민주통합당 초대 대표로 선출된 한명숙 전 대표는 당시 국민들의 압도적인 지지를 받고 있었습니다. 총선 지지율에서 여당 대 야당의 지지율이 거의 4:6정도였으니까 말이죠. 한마디로 모든 면에서 야당이 유리했던 것입니다. 큰 실수만 하지 않으면 총선의 승리는 확실하다고 볼 수 있었겠죠. 특히 당시는 두 여성 지도자, 즉 한명숙 전 대표와 박근혜 전 대표의 1:1 싸움이었다고 볼 수 있었습니다. 두 여성 대표의 싸움이었으니 아주 흥미진진하게 진행되었는데, 총선에서 민주당이 패배하면서 큰 수렁에 빠지고 맙니다. 반대로 박근혜 대표는 압도적인 지지를 얻게 됐고요. 다시 한 번 '선거의 여왕'이라는 유명세가 되살아나면서 사실 이미 그때부터 대통령 후보로 일찌감치 이름을 올렸다고 볼 수 있습니다. 물론 당시 총선 패배의 원인이 한명숙 전 대표의 개인 문제는 아니었을 것입니다. 하지만 이 일로 한명숙 전 대표는 자리에서 물러나고 중앙정치 무대에서 멀어지기 시작했습니다. 만약 당시에 한명숙 대표가 총선에서 승리했다면 대통령 선거에서도 승리했을 가능성이 매우 높았다는 점에서 민주당 내의 아쉬움

을 사는 부분입니다. 그런데 문제는 한명숙 전 대표에 이어 2위와 3위를 했던 이해찬 전 대표, 박지원 원내대표의 공통점이 바로 '친노 세력'이라는 것입니다. 문재인 후보가 대통령 후보가 되었던 것은 문재인 후보 개인의 의지도 있었겠지만 근본적으로는 친노 세력에서 문재인 후보를 선택했고, 모든 대선 과정을 좌지우지 했다고 보는 것이죠. 그런데 대선에서 패배했으니 당연히 그 패배의 1등 공신은 친노 세력일 수밖에 없다는 것입니다. 또 이는 역으로 문재인 후보가 민주당 내에서 그만큼 존재감이 없었다는 이야기도 될 수 있습니다. 결국 대선평가위원회에서 작성한 이 보고서는 민주당 내의 '친노 세력'에 대한 강력한 거부의 표시이기도 합니다.

    5.4민주당 전당대회에서 김한길 대표가 당권을 장악한 것도 바로 이러한 맥락입니다. 사실 김한길 대표는 친노 세력하고는 크게 관련이 없습니다. 그러니까 그간의 '반 친노 세력'에 대한 정서가 쌓이면서 민주당의 비주류 세력이었던 김한길 대표가 당권을 잡았다는 이야기입니다. 그뿐만 아니라 최고위원에는 친노로 분류하기 어려운 신경민, 조경태, 양승조 우원식 후보가 당선됐습니다. 친노계 인물이 지도부에 단 한 명도 진출하지 못했던 것이죠. 이렇게 지도부에 호남인사가 완전히 배제된 것은 민주당

역사상 처음이라고 하니 민주당 내에서는 한마디로 '혁명'이라고 해도 과언이 아닐 것입니다.

자, 그리고 여기에서 안철수 의원이 등장합니다. 대선 이후 '문재인 후보+친노 세력'은 안철수 의원과의 소통이 완전히 끊겼습니다. 마치 싸우기라도 한 사람들처럼 전혀 연락과 소통이 없었다는 이야기입니다. 하지만 비주류인 김한길 대표가 등장하면서 이런 소통의 창구가 열리기 시작했습니다. 우선 김한길 대표 스스로가 안철수 의원을 끌어안으려는 노력을 상당히 많이 하고 있습니다. 언론을 통해서도 여러 번 '안철수 세력과 함께 하겠다', '민주당은 안철수를 안고 가야 한다'는 메시지를 던지기도 했습니다. 특히 이는 호남에서의 민주당과 안철수 신당 지지율 여론 조사 결과에 상당한 영향을 받은 것으로 보입니다. 안철수 의원의 신당에 대한 지지가 높기 때문에 결국 민주당이 안철수를 배제하기는 상당히 힘들지 않겠냐는 관측입니다.

그러니까 정리해보자면 이렇습니다. 친노 세력은 문

재인 후보를 앞세워 안철수 의원과의 단일화를 이뤄냈지만 결국 대선에서 실패하고 안철수 의원과의 관계도 멀어져 버렸다, 그 후 다시 민주당의 당권을 잡은 비주류 세력이 안철수 의원과의 관계 회복에 앞서고 있다, 뭐 이런 거죠. 그런데 특히 김한길 대표를 위시한 비주류 세력이 안철수 의원과의 관계 회복을 원하는 데에는 근본적인 이유가 있습니다. 친노 세력이 민주당 내부는 물론이고 심지어 호남에서도 어느 정도는 외면당하고 있다 보니 민주당의 입장에서는 '새로운 동력'이 필요하다는 겁니다. 바로 그게 '새정치'를 통해 많은 젊은이들에게 지지를 받고 있는 안철수 의원이라는 거죠. 친노라는 주류의 힘이 사라진 곳에 안철수라는 새로운 힘이 필요하다는 겁니다.

하지만 여기에서 또 문제가 생깁니다. 바로 친노 세력들이 아주 완전히 힘을 잃지 않은 이상, 안철수의 신당을 견제하는 일이 본격화되고 있다는 것입니다. 만약 어떤 식으로든 '민주당+안철수'의 큰 흐름이 형성되기 시작하면 친노의 입장에서는 부담스럽지 않을 수 없습니다. 계속되는 선거의 패배, 그리고 계파 간의 갈등, 안철수 의원을 둘러싼 대립적인 시각들…, 민주당의 앞날이 사뭇 궁금해지는 대목입니다.

민주당의 행보에 대해
한마디 한다면?

"민주당이 계파 싸움을 그만하고 비전을 보여야 된다고 말하고 싶습니다. 좀 세게 얘기하면, DJ와 노무현의 그늘에서 벗어나라는 거죠."

"사기에 보면, 지여지위치 정지보야라는 말이 있습니다. 얻으려면 주는 게 정치의 보배라는 건데요, 대선 패배의 책임을 서로 미루는 자체가 자신에게도 당에게도 도움이 되지 않을 겁니다."

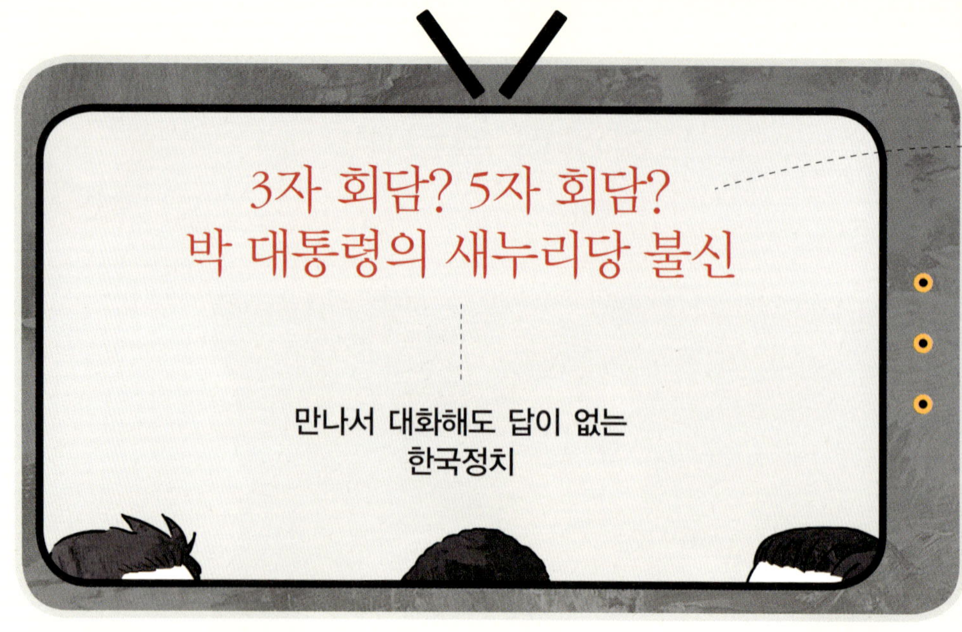

지난 9월 16일, 드디어 박근혜 대통령과 김한길 민주당 대표, 그리고 황우여 대표가 3자 회담을 이뤄냈습니다. 물론 지난 4월에도 박 대통령은 당선 후 처음으로 민주당 지도부와 만나기는 했습니다. 하지만 당시에는 '만찬 회동'이어서 아주 본격적인 정치적 의논은 하지 않았죠. 또 그때까지만 해도 아주 큰 정치적 이슈가 그리 많지 않았으니 여야가 다소 화기애애한 상태에서 만날 수 있었습니다. 따라서 지난 9월 16일의 3자 회담이야말로 진짜 정치적 의미를 가지고 있었던 중요한 회담이었던 것이죠. 뭐, 그간에 국정원이니 NLL이니, 장외투쟁이니 이슈가 한두 개였습니까. 그런데 여기에서 재미있는 사실은 3자 회담이 이뤄지기까지, 그 만남의 형식에 있어 다양한 논란이 있었다는

것입니다. '단독 회담–3자 회담–5자 회담'을 서로 제안하고 거부하는 과정에서 새누리당에 대한 박근혜 대통령의 생각이 슬쩍 드러나고 말았습니다. 뿐만 아니라 그것이 어떻게 김기춘 비서실장과도 연결이 되어 있는지를 알 수 있게 해주었죠.

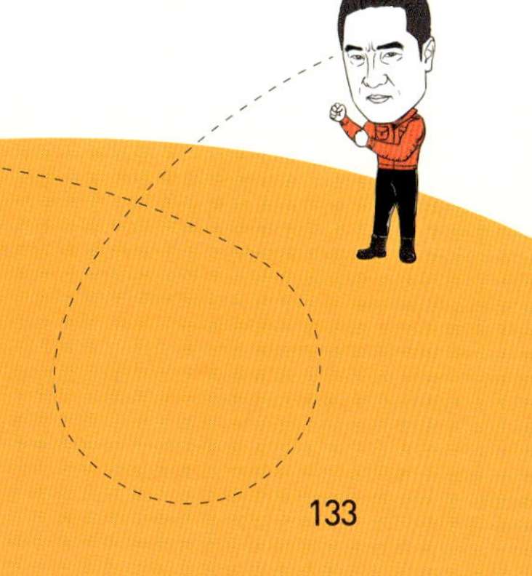

자, 그럼 저간에 어떤 사정이 있었을까요? 김한길 대표는 박근혜 대통령에게 단독회담을 제안했습니다. 이른바 1:1로 만나자는 소개팅을 제안한 거죠. 그런데 이틀 뒤에 새누리당 황우여 대표가 '그러지 말고 나도 끼워서 3자 회담을 하자'고 했습니다. 그러자 다음 날 청와대에서 5자 회담을 제안했습니다. 김한길-황우여 대표에 이어 민주당의 전병헌 원내대표, 새누리당의 최경환 원내대표도 함께 하는 게 어떻겠냐고 제안한 것이죠. 한마디로 소개팅이 아닌 '미팅을 하자'는 말인데, 이에 민주당은 또다시 '그러지 말고 그냥 단둘이 만나자'며 5자 회담을 거부했습니다.

자, 우선 서로가 만나자는 건 소통을 하자는 거 아니겠습니까? 그러면 할 말이 있는 사람들끼리 만나서 대화를 하면 그만인데, 왜 이렇게 회담이 제안되고 거부되었던 것일까요? 일단 김한길 대표가 '단독 회담'을 제안한 건 사실상 자신의 정치생명을 건 제안이었습니다. 장외투쟁을 비롯한 복잡한 정국을 일거에 정리할 수 있는 가장 유리한 카드가 바로 '대통령과의 단독 회담'이기 때문입니다. 만약 여기에서 일이 잘 풀리면 다시 국회로 돌아갈 명분도 얻을 수 있고 민주당의 당 대표로서의 체면도 서는 것은 당연할 것입니다. 그런데 청와대에서 5명이나 한꺼번에 함께 만나자는 건 '그냥 우리 밥이나 한 번 먹자'라는 것으로 회담의 의미를 격하시켜버린 거죠. 김한길 대표가 5자 회담을 거부한 것은 바로 이런 이유라고 할 수 있겠습니다. 특히 5명이 한꺼번에 만나면 말이죠, 뭔가를 말할 시간이 없습니다. 각자 한마디씩 하고 이러다 보면 고작해야 15분 정도 대화를 할까? 그 정도의 시간으로 어떻게 이 복잡한 정국에 대해 다 말할 수 있겠습니까. 대통령의 대답을 제대로 듣기도 힘든 시간일 뿐입니다.

그러면 박근혜 대표가 5자 회담을 주장한 이유는 뭘까요? 그건 바로 자칫하면 두 명의 당 대표에게 당할 우려가 있어서였습니다. 사실 황우여 대표와 김한길 대표의 생각은 상당히 비슷했습니다. 이 복잡한 정국을 풀어가기 위한 생각이 엇비슷했다는 이야기죠. 거의 '합의' 수준에 이를 정도까지 갔다는 것이 정가의 관측입니다. 그러다 보니 만약 이 둘이 짝짜꿍이 되어서 뭔가를 제안을 하게 되면 박근혜 대통령으로서는 사실 이걸 거부할 명분이 없어져버리는 거죠. 두 당 대표가 합의된 의견을 가지고 왔는데 대통령이 거절한다? 이거 참 쉽지 않은 일입니다. 따라서 청와대 측에서는 친박이라고 할 수 있는 새누리 최경환 원내대표 정도는 있어줘야 상황 제어가 가능하다고 봤던 겁니다. 그런데 최경환 원내대표를 참석시키려다 보니까 민주당 원내대표도 참석시켜야 했던 거죠. 그래서 결국 '5명이 만나자'는 결론이 도출된 겁니다.

그럼 결과적으로 봤을 때 뭐냐, 한마디로 박 대통령은 새누리당 황우여 대표도 믿지 못했다는 이야기입니다. 사실 황우여 대표가 박 대통령의 입장을 변호해주고 제동을 걸어주면 회담은 자연스럽게 흘러가지 않겠습니까. 아무리 그래도 명색이 여당 대표인데 말입니다. 그런데 여기에서 굳이 최경환 원내대표까지 참석시키려고 했던 건 황우여 대표를 믿음직스럽게 보지 못했다는 이야기죠. 대통령과 청와대가 여당 대표를 곰바우로 만들어버린 겁니다. 게다가 5자 회담의 아이디어가 김기춘 비서실장의 머리에서 나왔다는 이야기도 있습니다. 사실 지금 김 비서실장은 '부통령'으로까지 불리는 인물이 아니겠습니까. '김기춘 효과'라는 말이 나오는 것도 바로 이런 이유 때문이라고 할 수 있습니다.

이런 걸 보면 왜 그렇게 통 크게 정치를 하지 못하느냐는 생각도 들긴 합니다. 사실 대통령이라면 국정에 대해서 무한 책임을 지는 사람입니다. 단독이든 3자든 호쾌하게 받아들이고, 들을 건 듣고 말한 건 말하면 되지 않을까요? 또 대통령인데 뭐 어떻습니까. 싫은 건 싫다, 좋은 건 좋다, 그냥 말하면 될 것을, 만나는 것 자체가 뭐가 문제가 되겠습니까. 그런데 몇 명을 만나느냐는 것까지 계산하는 이런 모습들이 '큰 정치'라고 보기는 힘들 것 같습니다.

그렇게 해서 결국 9월 16일에 3자 회담이 개최되기는 했지만 이 역시도 '소모전'이라는 평가를 들으며 큰 성과 없이 끝났습니다. 여당인 새누리당에서야 당연히 '성공적이었다'고 말했지만 회담이 끝난 직후 김한길 대표는 '할 말은 다 했고 많은 이야기가 오갔지만 정답은 하나도 없다'는 말로 소감을 대신했습니다. 대통령이 여당 대표를 믿지 못하는 마당에, 새누리당이 한마음으로 뜻을 모아서 민생을 살피기엔 역부족이긴 하겠지요.

결국 우리 정치인들은 서로 만나고 대화해도 뭔가 하나 속 시원한 대답을 국민들에게 해주지 못하는 것 같습니다. 서로 만났다고 하더라도 별로 답이 없는 우리 정치, 이제는 하루 빨리 변했으면 하는 마음입니다.

범죄 드라마를 능가하는 대통령 측근 잔혹사

과거 박정희 대통령 시절의 3공화국 때부터 현재까지, 대부분 정보기관 수장들의 말로가 참 좋지 않았습니다. 서스펜스 범죄 드라마를 능가하는 정보기관 수장들의 잔혹한 최후! 그만큼 실종, 사형, 구속이 되는 경우가 많았다는 거죠.

가장 먼저 떠오르는 사람은 절대적 권력을 행사하다가 실종된 제4대 중앙정보부장 김형욱입니다. 실종 후 닭의 모이가 되었다느니, 처형을 당했다느니 하는 무시무시한 소문이 떠돌았죠. 사실 이 분은 김종필 전 총리와 육사동기였고, 또 그의 도움으로 중정부장이 된 케이스였습니다. 그런데 막상 중정부장이 되니까 그때부터는 사정없이 김종필 전 총리 쪽을 몰아쳤습니다. 박정희 대통령이 3선 개헌을 하려는데 그쪽 라인에서 반대를 했었죠. 그때 김종필 계열의 공화당 의원이 30명 정도가 있었는데, 하루 만에 이 30명을 몽땅 잡아다가 '매타작'을 했다는 거 아닙니까. 협박, 회유, 폭력을 행사하니까 그 30명이 하루아침에 3선 개헌에 찬성을 하게 된 거죠. 이 뿐만이 아니죠. 1971년에는 당시 오치성 내무부 장관 해임 건을 공화당 의원들이 가결시키니까 박정희 대통령이 진노를 했습니다. 그러자 또 김형욱 부장이 나서서 공화당 의원들을 잡아다가 수염까지 뽑았다고 합니다. 이렇게 무소불위의 권력을 행사하던 김형욱 부장은 결국 3선 개헌의 후폭풍에 휘말리게 됐습니다. 누군가가 책임을 져야 하는데 대통령이 그 책임을 질 수는 없었던 거죠. 결국 김형욱은 외국으로 도망가서 '반독재의 아이콘'으로 변신을 했습니다. 미국 국회에 나가 '대한민국은 독재국가다'라는 증언을 했죠. 그런데 그가 가장 결정적인 증언을 앞두고 프랑스에서 행방불명이 돼버렸어요. 그리고 그 사건은 아직도 해결되지 않은 미스터리로 남아있습니다.

전두환 전 대통령의 측근인 제13대 안기부 부장을 지냈던 장세동 부장 역시 '어른'을 보호하다 구속이 되어 감옥에 갔다 온 적이 있습니다. 이른바 '용팔이 사건' 때문이죠. 1987년 당시 김대중, 김영삼 전 대통령이 통일 민주당 창당을 발기하고 창당대회를 열었을 때 전주파의 두목 용팔이가 중심이 되어 깡패들을 몰고 와서 난동을 피웠죠. 결국 '전두환 전 대통령이 이 사건을 사주한 게 아니냐'는 여론이 몰아쳤고 장세동 부장은 입을 굳게 닫은 채 '모든 것은 내가 했다'고 하면서 복역을 했던 겁니다. 장세동 부장은 복역을 하고 난 뒤에 전두환 전 대통령에게 인사를 가서 '휴가 잘 다녀왔습니다'라고 말했다고 합니다. 그때 전두환 대통령이 봉투를 하나 쓰윽 내밀었다는 거 아닙니까. 근데 그 돈이 18억. 80년대 당시에 18억이라면 정말 어마어마한 돈이죠.

김영삼 정부 때의 제21대 안기부장이었던 권영해 부장 역시 재직

기간 중에 무리수를 많이 둔 인물입니다. 그게 바로 '북풍', '총풍'이라는 겁니다. 북풍은 1997년 대선 당시에 안기부가 재미사업가 윤홍준 씨를 매수해서 '김대중 후보가 김정일에게 돈을 받았다'는 허위사실을 조작해서 유포한 사건입니다. 거기다가 '총풍'까지 기획을 했다죠? 은밀하게 북한에 연락을 해서 '야, 대선을 앞두고 있으니 판문점 근처에서 총격 사건을 일으켜 줘'라고 했던 거죠. 이 사건은 결국 실현되지는 않았지만 그 후 검찰 조사에서 드러났습니다. 이렇게 해서 권영해 부장은 검찰수사를 받으면서 커터칼로 자해하는 소동까지 벌였고 결국 수감되어 징역 5년형을 살았습니다. 김대중 전 대통령 시절의 임동원 3대 국정원장, 신건 4대 국정원장들도 모두 정치인을 도청했다는 이유로 징역 3년, 집행유예 4년을 받았습니다. 최근의 원세훈 전 국정원장도 마찬가지로 구속이 되는 좋지 않은 결과로 끝나고 말았습니다.

물론 모든 사람들이 다 이렇게 구속이 되고 물의를 일으킨 건 아닙니다. 하지만 대부분의 정보기관장이 도마 위에 오르니, 도대체 왜 이런 일들이 자꾸만 발생하는지 의문이 생기는 것도 사실입니다.

그 첫 번째 잘못은 임명권자의 잘못, 즉 대통령의 잘못이 아주 크다고 합니다. 사실 대통령이 이런 고급 정보에 맛을 들이기 시작하면 정보기관으로서는 어쩔 수 없거든요. 대통령 마음에 들어야 하니까. 그러니까 계속 해당 부서를 키우고, 더 많은 정보를 입수하는 악순환이 벌어지게 되는 겁니다. 보스가 시키는데 아랫사람이 뭘 어떻게 하겠습니까. 거기다가 군 출신 정보기관의 수장은 과도한 충성심과 과욕 때문에 일을 크게 만듭니다. 자꾸만 뭔가를 해서 보여줘야 한다는 생각을 하게 되고, 또 정권 교체기에는 새로운 권력에 줄을 대려고 하다 보니까 이런 일이 생기게 되는 거죠. 자, 그럼 정보기관 수장들은 어떻게 해야 할까요? 정답은 '그냥 가만히 있으면 된다'입니다. 이건 농담이 아니라요, 실제 정보기관의 보좌진들은 최상급 인재들로 꾸려진다고 합니다. 거의 청와대 보좌진 수준에 육박할 정도라고 말하죠. 결국 그 보좌진의 의견만 충실하게 잘 검토하고 자중하면 큰 문제가 생기지 않는다는 말입니다. 이제 우리나라 정보기관장님들이 '제발 좀 그냥 가만히' 있어주셨으면 합니다.

4

썰戰

사교육 시장,
도대체 왜 이래?

엄마

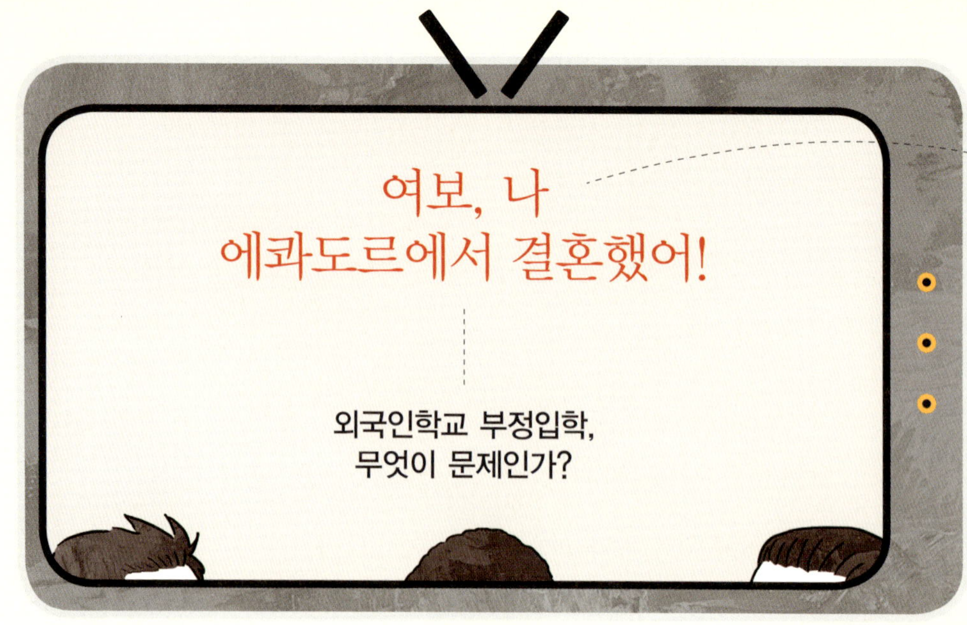

아마 대한민국의 모든 학부모들의 공통 관심사는 바로 교육 문제일 것입니다. 그런데 재벌가들이 자녀들을 편법으로 외국인학교에 부정입학을 시켜서 큰 문제가 됐습니다. 특히 현대가의 며느리인 노현정 씨와 전두환 전 대통령의 며느리인 박상아 씨가 검찰에 소환되면서 검색어 1, 2위를 차지하는 이슈가 되기도 했습니다. 원래 이 사건은 2012년 9월에 인천지검 특수부가 관련 수사를 진행하면서 300명 정도가 불려가서 조사를 받은 것이 시초였습니다. 올해 2013년 2월에는 그 중에서 기소된 47명이 전부 집행유예로 유죄 판결을 받았습니다. 사실 이런 정도의 사건이라면 거의 유죄 판결을 받지 않는 경우가 대부분입니다. 부모들이 전과가 없는 이상 대

개 초범일 것이고, 또 남들에게 직접적인 피해를 주지 않은 이상 관대한 처분이 예상됐었죠. 하지만 이번에는 전원이 집행유예가 되면서 유죄 판결을 받았습니다. 이건 전례가 없는 아주 강한 처벌이라고 할 수 있습니다. 어떻게 보면 자식들 때문에 부모가 전과자가 되는 참 가슴 아픈 일이기도 합니다. 이러한 사실을 뉴스로 접한 한 네티즌은 박상아 씨를 비꼬면서 이런 댓글을 남겼다고 하네요.

"정말 너무한 불효자네요. 시아버지가 29만원 가지고 힘들게 생활하시는데, 자기들은 애들 외국인학교까지 보내다니…."

외국인학교, 사실 이 학교는 '국내에 있는 외국인들의 자녀'
들을 위한 학교거든요, 그런데 자녀가 외국인인 것은 자격요건이 아닙
니다. 왜냐하면 요즘에는 워낙 원정출산이 많아서 그것만 가지고는 자
격요건이 되지 않는다고 하네요. 따라서 실제 요건이 되기 위해서는
▲부모 중에 한 사람이 외국인, 혹은 시민권자이거나 ▲부모와 자식의
외국 체류 기간이 3년 이상이어야 한다는 것입니다. 그런데 이 3년이
라는 시간을 맞추기가 굉장히 까다롭다는 거 아닙니까. 부모 중에 한
명이 3년 동안 외국에 있는 것도 힘들고, 왔다 갔다 하는 것도 쉽지 않
은 일이죠. 그러다 보니 아예 부모 중 한 명을 외국인으로 만들어버리
는 게 더 쉬운 거예요. 그래서 주로 쓰는 방법이 바로 에콰도르와 같은
중남미 국가의 시민권을 산다는 이야기죠. 그런데 여기에도 사기가 많

아서 차라리 아예 에콰도르 사람이랑 위장결혼을 하는 방법도 있다고 합니다. 한국에서는 굳이 이혼조차 할 필요가 없고 현지에서 결혼을 하는 '중혼'을 하면 그만이라고 합니다. 에콰도르에서는 결혼 당사자가 한국에서 결혼을 했는지 안 했는지 알 방법이 없으니까 말이죠.

그런데 또 문제가 되는 것은 외국인학교 설립 절차 자체가 너무 쉽다는 겁니다. 우선 외국인 국적이 있는 사람을 내세우고 100억에서 200억 정도 들여서 학교를 세웁니다. 일단 융자로 해서 건물을 지어놓고 나면, 2~3년 안에 그 돈을 전부 벌어들인다고 하네요. 실제로 용산에 있는 외국인학교가 200억 융자 내서 2년 만에 다 갚았다는 거 아닙니까. 하지만 이게 학비만 가지고는 이렇게 장사가 될 수 없고요, 보통은 학부모들에게 기부를 하라고 합니다. 이건 미국의 기숙학교들과 마찬가지입니다. 근데 그렇게 기부를 해달라고 조르면 또 학부모들이 기부를 합니다. 다들 돈이 어느 정도 있으니까 말이죠. 기부는 3~4천만 원까지 가능하다니까 200억 정도는 금방 갚는다고 봐야죠.

상황이 이러하다 보니, 외국인학교에 대한 찬반도 뜨겁습니다. 외국인학교에 회의적인 쪽은 이렇게 말합니다. 아주 근본적인 제도 정비가 필요하다고 말입니다. 예를 들어서 설립이 너무 쉽다는 제도적인 허점도 있고, 전국에 51개나 되니까 좀 많은 거 아니냐는 거죠. 그래서 일제 점검을 실시해서 폐교시킬 건 폐교시키자고 말합니다. 특히 부의 대물림이 교육에서 일어나게 되면 이건 사람들을 절망하게 만드는 요인이 되니까, 부정과 불법에 의해서 학력이 만들어진다는 것을 막는 게 더 중요하다고 말합니다.

반대로 외국인학교를 찬성하는 쪽은 이렇게 말합니다. 외국인학교 설립을 완화했던 이유는 조기유학에 대한 수요를 흡수하기 위해서라는 거죠. 2006년까지만 해도 조기 유학생이 3만 명 가까이 됐는데, 2012년 되니까 1만 2천 명으로 확 줄었

거든요. 여러 가지 이유가 있겠지만 외국인학교 입학을 완화해준 게 상당히 큰 도움이 됐을 거라고 보는 것이죠. 분명한 수요가 있는데 이걸 법적으로 처벌하는 것이 능사는 아니다, 조기유학으로 인한 교육수지 적자를 어느 정도 완화시킬 수 있다, 이런 점에서 일방적인 폐쇄보다는 다른 대책을 마련하자고 주장합니다.

과연 어느 쪽이 더 현명한 방법일까요? 뭐, 이래저래 외국인학교는 참 문제가 많은데 말이죠, 그렇다면 이걸 어떻게 해결할 방법은 정말 없는 걸까요?

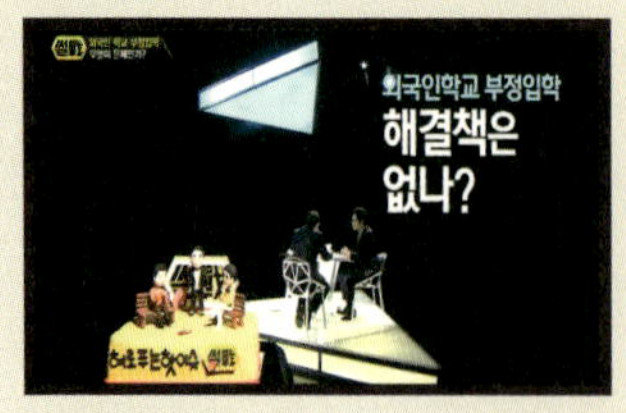

1 외국인학교 부정입학,
해결책은 뭘까요?

2 근본적인 제도 정비가 필요해요.
점검을 해서 한번 걸러내야죠.

3 수요가 있는데 수요를 무시
하고 너무 법적으로 처벌
만 강화하는 게 능사는 아니죠. 결
국 외국으로 다 빠져버리거든요.
우리나라 교육수지 적자가 한때
100억불까지 갔었거든요.

4 2차 대전 이후에 미국에서 하버드 입학을 하려면 집안 배경이 중요했어요. 그래서 당시 하버드 총장이 이를 혁신하기 위해서 SAT를 도입했고, 여러 계층의 사람들이 들어오기 시작한 거죠. 외화를 갖다 버리는 한이 있어도 교육 질서를 문란하게 하는 건 더 심각한 문제라고 봅니다.

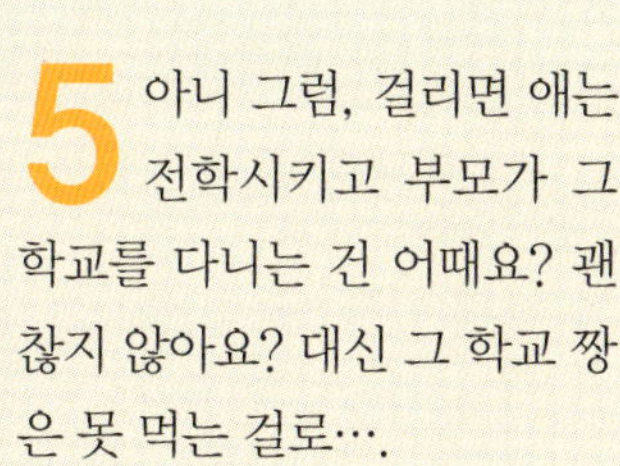

5 아니 그럼, 걸리면 애는 전학시키고 부모가 그 학교를 다니는 건 어때요? 괜찮지 않아요? 대신 그 학교 짱은 못 먹는 걸로….

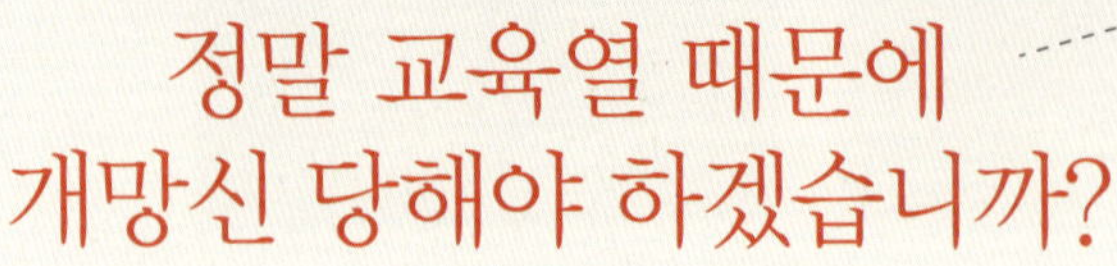

우리 사회에서 영어는 말 그대로 하나의 '권력'이라고까지 볼 수 있습니다. 이제는 영어를 못하면 무시를 받고 영어 잘하면 상당한 우대를 받습니다. 단순히 하나의 외국어를 잘한다는 의미를 넘어서서 승진, 돈과 직결되다 보니 영어에 대한 우리 국민들의 교육 열정은 상상을 초월합니다. 영어유치원에서 시작해서 대학을 졸업하고서도 토플, 토익, SAT와 씨름을 해야 하니 얼마나 힘들겠습니까. 그게 단순히 '열정'으로 끝나면 얼마나 좋을까요. 문제는 열정이 너무 강해지다 보니, 그때부터 쓰윽~ 부정에 대한 유혹을 느끼게 된다는 겁니다. 너무도 하고 싶은데 잘할 수가 없다, 그러면 나쁜 방법

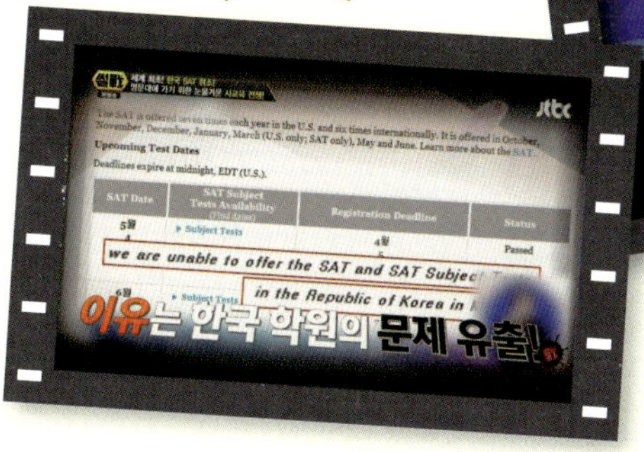

으로라도 하고 싶기 때문입니다. 이번에는 교육열을 둘러싼 대한민국의 요지경 풍속을 제대로 털어보겠습니다.

국제적 컨닝 시도한 대한민국

올해 5월, 정말이지 우리 대한민국이 전 세계 교육 시장에서 개망신을 당했습니다. SAT라는 미국대학입학시험이 있는데요, 말 그대로 미국 대학에 입학하기 위한 시험입니다. 이게 그러니까 일본, 태국, 중국 등 전 세계에서 치러지는 시험입니다. 근데 말이죠, 한국 시험을 앞두고 나흘 전에 전격적으로 취소가 되는 사태가 발생했습니다. 왜냐? 그 이유는 한국 어학원에서 이 시험지를 입수해 상당수의 학생들이 시험문제를 알고 있기 때문이랍니다. 실제로 한국 학원에서 고용된 아르바이트 생이 동남아로 가서 SAT 시험을 보고 그것을 그대로 외워서 한국으로 온 거죠. 거의 80% 이상 비슷하게 문제를 복원해 냈다는 겁니다. 이런 사실을 알게 되니 미국에서 시험 취소를 안할 수가 없었던 거죠. 세계 교육 역사상 유

례가 없는 일이 생기게 된 것입니다.

하지만 이번에 시험 취소만이 문제가 아니라고 하는데요. 토플 시험의 경우에는 처음에는 종이 시험을 쳤었죠. 그리고 시간이 흐르면서 컴퓨터 베이스로 시험을 치는 CBT방식으로 바뀌었다가 다시 인터넷을 베이스로 하는 IBT로 바뀌었습니다. 그런데 이게 왜 이렇게 자꾸만 바뀌냐? 바로 한국 학생들이 끊임없이 문제지를 입수해서 부정한 방법으로 시험을 쳤기 때문이라고 합니다.

그래서 심지어 미국에서는 '한국 학생들의 토플 점수는 믿을 수가 없다'는 이야기까지 나오고 있습니다. 부정으로 시험을 친 학생들은 그러려니 하겠지만 정말로 자신의 실력으로 시험을 친 학생들은 또 얼마나 억울하겠습니까.

문제는 이러한 잘못된 교육 열풍이 우리나라 사교육 시장을 비정상적으로 확대하는 방향으로 흘러가게 한다는 점입니다. 심지어 미국에서 공부하는 학생들도요, 이 SAT를 칠 때는 한국으로 온다고 합니다. 왜냐하면 한국에는 '쪽집게'가 있기 때문입니다. 이 강의가 얼마나 비싸냐 하면 말이죠, 일주일에 500만원, 한 달에 2,000만원의 비용이 든다고 합니다. 정말 어마어마한 돈 아닙니까. 그런데 이렇게 돈을 들이면 또 시험 점수가 한 20~30점은 쑥쑥 올라간다고 하네요. 시험 내용을 미리 알고 있는데, 이건 너무나 당연한 일 아니겠습니까? 사실 이런 거는요, 너무도 명확하게 불법입니다. 그러니까 프로축구 경기에서 승부조작을 하는 것과 다르지 않은 거죠. 그런데 승부조작은 처벌을 받는데 왜 시험점수 조작은 처벌을 받지 않는 건가 하면, 시험의 주관사가 미국이기 때문입니다. 원래 이러한 부정행위는 '위계에 의한 공무집행 방해'라고 볼 수 있는데요, 우리나라가 아닌 미국에서 주관하기 때문에 법을 적용하기가 힘들다는 거죠. 결국 처벌받지 않는 부정행위는 앞으로도 계속 이어질 수밖에 없다는 겁니다.

영어에 대해 이렇게 부정한 방법까지 쓰는 우리나라이다 보니 심지어 유치원에도 '영어유치원'이 있다는 거 아닙니까. 한 달 수업료가 200만원이나 한다는데요, 과연 여기서 뭘 가르칠까요? 실제 영어 유치원에 아이들을 보낸 사람들의 이야기를 들어보면요, 일반 유치원하고 프로그램은 거의 동일하다고 합니다. 딱 다른 것이 있다면 선생님들이 외국인이라는 거. 하지만 정말로 미국 본토 선생님들은 그리 많지 않다고 합니다. 비싸기 때문이죠. 그래서 캐나다 백인, 호주 백인, 뉴질랜드 백인들이 거의 대다수를 차지합니다. '영어를 하는 백인 선생님이 있다'는 이유만으로 한 달에 200만 원이나 되는 돈을 내는 겁니다.

그런데 또 이런 생각도 듭니다. 과연 이런 영어조기교육이 정말로 효과가 있냐는 거죠. 이런 부분에서는 회의적인 의견을 말하는 전문가들이 많습니다. 특히 상당수의 부모님들이 '발음이 좋으면 영어를 잘한다'는 잘못된 편견을 가지고 있습니다. 하지만 생각해 보세요. 중국 아이가 한국어를 배우는데, 한국어 발음이 정확하다고 한국어를 잘하는 걸까요? 한 외국어를 잘한다는 건 글도 쓰고, 정말로 진지한 대화도 하고, 책도 볼 수 있을 때 잘하는 거라고 볼 수 있는데, 우리나라 부모님들이 너무 '발음'에만 집착한다는 이야기입니다. 이것에 대한 가장 반면교사가 될 수 있는 예가 있습니다. 바로 반기문 UN총장이죠. 혹시 그 분이 영어로 연설을 하는 거 들어보셨습니까? 발음이 완전 옛날 고등학교 영어 선생님 발음입니다. 하지만 그 누구도 그 분의 영어 실력이 나쁘다고는 말하지 않습니다. 사실 전문가들은 '완벽한 의미에서의 이중 언어는 불가능하다'고 말합니다. 그러니까 한 나라의 언어를 완벽하게 구사하려면 다른 나라

의 언어를 포기해야 한다고 거죠. 결국 우리나라 부모님들은 교육에 대한 '기대치'가 너무 높다고 볼 수 있습니다. '영어를 잘한다'는 기준 자체를 외국인과 거의 동일한 발음과 어법으로 구사하는 것으로 두면 안 된다는 이야기입니다. 어느 정도의 의사소통이 가능한 정도, 그리고 방송을 어느 정도 이해하고 책이나 글을 쓸 수 있는 것이 바로 '영어를 잘한다'의 기준이 되어야 한다는 것입니다. 그런데 이게 기대치가 너무 높고, 공교육만으로는 그것이 안 된다고 생각하니까 지금처럼 사교육 시장이 비정상적으로 과열이 되고 있는 것입니다.

그렇다면 이런 사교육에 대한 해법은 없을까요? 정말 안타까운 일이지만 현재 법적으로는 해법이 없습니다. 이미 사교육금지법안이 위헌판결을 받은 상태라 법률로는 사교육을 막을 수가 없다는 이야기입니다. 그래서 어떤 분은 '사교육 문제는 국민투표 말고는 해결할 방법이 없다'는 말도 합니다. 아예 전 국민이 이 부분에 대해서 투표를 해서 의사결정을 하자는 거죠. 사실 이런 부분도 해법으로는 매우 좋을 거라는 생각이 듭니다. 다만 정말로 국민투표가 실현될 수 있느냐는 부분에 대해서는 의문이 들긴 하죠.

　　교육이라는 부분에 대해서는 참 말하기가 쉽지 않습니다. 교육 문제를 이야기하다 보면, 언제나 결론은 우리 사회의 근원적인 구조로 되돌아옵니다. 이미 우리 사회가 학력과 교육의 수준으로 아이들의 인생을 결정해버리니, 부모들도 어쩔 수 없는 것이죠. 이런 부분은 대통령이 먼저 나서주지 않으면 해결되기가 쉽지 않을 듯합니다. 물론 모든 사회의 구조적 문제를 대통령이 해결할 수는 없겠지만, 교육이라는 주제는 현재 우리나라에서 단일한 의제로는 가장 폭발력이 높은 것입니다. 이는 그만큼 교육에 대한 국민들의 관심이 엄청나다는 이야기죠. 우리들의 불쌍한 부모들이 그렇게 열심히 일하는 것도 다 자녀들 교육 때문이 아닙니까. 이 부분에 대해서는 우리 정부와 대통령이 꼭 많은 신경을 써주셨으면 하는 바람입니다.

사교육 열풍에 대해 한마디 한다면?

"엘리트 교육과 대중 교육에 대한 인식을 새롭게 정리해야 할 시점입니다. 모든 학생들이 명문대에 가기 위해 똑같이 달리는 이 현실이 과연 옳은 일인가에 대한 생각의 전환이 필요합니다."

"사교육 때문에 학교가 달라지고, 학교 때문에 직장이 달라지고, 어느 직장을 다니느냐에 따라서 부가 또 달라지는데…, 이건 결국 부의 대물림이죠. 사교육 문제에 있어서만큼은 국민적 합의가 필요하다고 봅니다. 국민투표에 붙여봤으면 좋겠어요."

공공기관장의 모든 것

'공공기관'이라고 하면 과연 어디를 말하는 걸까요? 대략 우리에게 좀 익숙한 공공기관들은 마사회, 강원랜드, 명동·정동극장, 영화진흥위원회, 영상물등급위원회, 예술의 전당, 국립암센터, 국립박물관, 국악방송, 아리랑TV, 한국전력공사, 한국가스공사 등입니다. 이렇게 우리나라에는 총 298군데의 공공기관이 있습니다. 그런데 여기에서 대통령이 인사권을 행사할 수 있는 자리가 무려 7,000개가 된다고 하는군요.

공공기관장을 자기 사람을 채운다는 것 자체가 문제는 아닙니다. 미국의 경우도 대통령이 바뀔 때마다 2만 명의 공직자가 대대적으로 물갈이가 되곤 합니다. 그래서 미국에서는 아예 이 부분을 '엽관제'라는 이름으로 법제화를 시켰습니다. 하지만 말이죠, 우리나라는 이런 것이 전혀 법제화가 되어 있지 않습니다. 게다가 공공기관장들의 엄청난 연봉이 임기 말까지 자리를 지키려는 큰 이유가 되고 있습니다.

상황이 이렇다 보니 새로운 대통령이 '이제 그만 나가시죠'라고 사인을 보내도 대부분은 버틴다고 합니다. 하지만 그렇다고 청와대도 호락호락 가만히 있지는 않겠죠? 자, 그래서 그때부터는 공공기관장 밀어내기 3단계가 시행됩니다.

제1단계는 정부부처를 활용하는 방법입니다. 보통 정부부처에는 해당 공공기관을 관장하는 상급기관이 있습니다. 이곳에서 해당 기관의 기획실장급 정도를 불러서 조용히 말하는 거죠.

'야, 니들 보스 이제 나가야 할 때가 된 거 아니냐? 거 사람이 눈치가 별로 없네!'

그러면 이제 기획실장은 돌아가서 기관장에게 보고를 하겠죠.

이 정도만 해도 물러나는 경우도 있지만 그렇지 않은 경우도 상당수입니다. 그럼 이제 2단계로 돌입하게 됩니다. 바로 감사인 거죠. 업무를 하다 보면 여러 가지 문제가 생기는데 그것을 꼬투리를 잡아서 기관장을 압박하는 것입니다.

'아니, 지금 이런 이런 문제가 심각한데, 아직도 임기를 채우시려고요?'

하지만 여기에도 굴하지 않을 수 있습니다. '아니 그게 뭐 대단한 문제라고?'하며 반문을 해버리면 갑론을박을 하게 되고 행정소송을 청구하니 뭐니 하다 보면 시간은 또 흘러가게 되겠죠. 그러면 이제 제3단계를 쓰게 됩니다. 바로 무시무시한 검찰입니다. 고강도의 압박 수사를 진행하거나 개인 비리를 들춰내기 시작해서 꼼짝없이 나가야 하는 상황을 만드는 거죠.

5

썰전

김정은의
속내가 궁금해

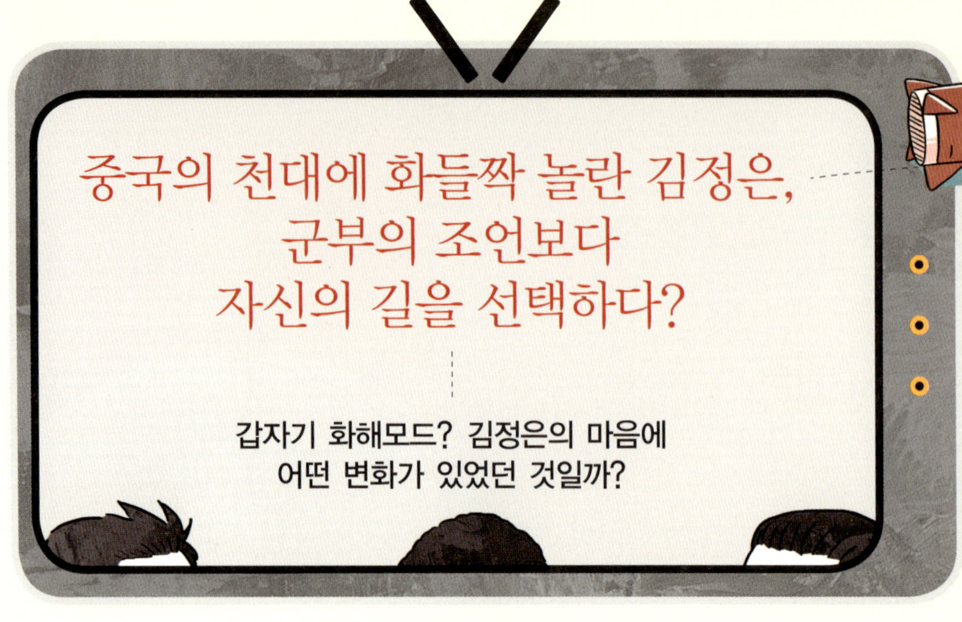

이 북한문제는 말이죠, 정말이지 분단 이후로 끊임없이 화제와 이슈를 만들어 왔습니다. 김정은이 권력을 이어 받은 후에는 더욱 종잡을 수가 없죠. 어찌됐건 김정은이 정권을 잡은 이후의 과정을 쭉 되짚어 보면 지금 김정은의 생각에 적지 않은 변화가 있다는 징조가 곳곳에서 포착되고 있습니다.

2012년 6월에 시작된 핵실험과 연이은 미사일 발사, 개성공단 폐쇄 등으로 강경책을 유지하다가 어느 순간 갑자기 이산가족 상봉을 받아들이고, 여기에 금강산관광 재개를 역제안하기도 하면서 순식간에 대화 기조로 상황이 바뀌었습니다. 이 부분이 좀 석연치 않습니다. 북한의 속성을 아는 사람들은 이렇게 말할 수

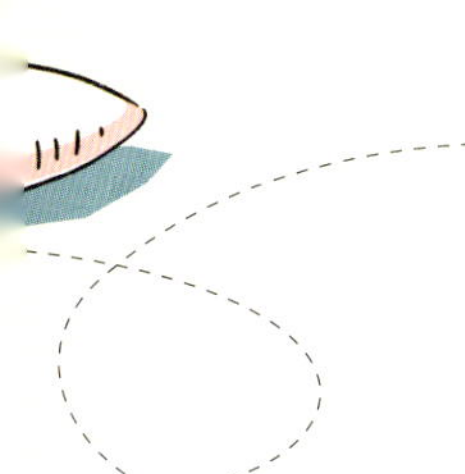

도 있습니다. '강경책과 유화책을 계속해서 바꿔가면서 원하는 것을 얻어가는 북한의 특징이 아니냐'고 말이죠. 과거에도 '벼랑끝 전술'이라는 것을 많이 구사했던 북한의 모습을 떠올린다면 이해 못할 것도 없습니다. 그냥 통상적인 북한의 전략전술의 하나다, 뭐 이렇게 평가할 수도 있겠지요.

그런데 말이죠, 이제는 과거와는 완전히 다른 국면이 펼쳐지기 시작했다는 점에 좀 주목해야 하지 않을까 싶습니다. 그건 바로 국제정세라는 건데요, 특히 중국과의 관계, 미국과의 관계, 그리고 일본과의 관계 속에서 북한이 뭔가 화들짝 놀라면서 '아, 이제 이렇게 하면 안 되겠구나', 이런 걸 좀 느낀 것은 아닌가 싶습니다. 도대체 무엇이 김정은의 속내를 변화시킨 걸까요, 한번 털어보겠습니다.

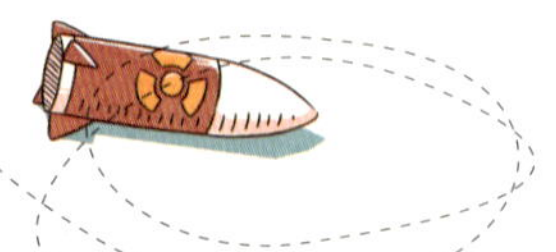

우선 김정은이 도대체 누구냐? 1982년 생, 현재 만 31살입니다. 한국 같으면 대학을 졸업한 후에 이제 회사에서는 신입사원 티를 막 벗을 그런 나이 아니겠습니까? 그런데 이런 나이에 한 나라를 이끌어가는 그런 상황이 되겠습니다.

스위스 베른 국제학교에 2년 정도를 다녔고요, 총 9년 정도를 스위스에서 지냈던 것으로 보입니다. 2009년 김정일의 후계자로 내정되면서 꾸준히 후계자 수업을 받았고 2011년 12월 17일, 갑작스럽게 사망한 아버지 김정일에 이어 권력을 계승을 했습니다. 그런데 한편으로 '디즈니 마니아'라는 이야기가 있어요. 집안 분위기로 봐서는 척키나 프레디 쪽인데 말이죠. 디즈니를 좋아해서 91년에 둘째 형 김정철과 일본 디즈니랜드를 방문하기도 했고, 2001년에도 큰 형 김정남과 디즈니랜드를 갔다가 추방이 됐다는 소문도 있습니다. 그런데 디즈니를 좋아하는 이 31살의 김정은이 2012년 6월에 핵실험을 강행했습니다. 권력을 물려 받은 지 6개월 만에 아주 세게 나간 거죠.

김정은이 이렇게 핵실험을 강행한 것은 두 가지 요인이 복합됐다고 볼 수 있습니다. 하나는 북한이 핵실험을 한 3년마다 했거든요. 2006년에 한번하고, 2009년에 2차로 했고, 그래서 2012년은 핵실험을 해야 하는 시기였던 것이죠. 또 한편으로 보면 주변 사람들이나 주변국들이 자기가 너무 어리다고 할까봐 좀 팍 팍 질러가지고 인정을 받아보려는 건 아닐까 이런 생각도 드는데요. 특히 3대를 가업으로 세습하면서 쌓아왔던 노하우도 좀 있지 않나 싶습니다. 일반적으로 사회주의 국가에서 정권이 바뀌면 처음 2~3년이 가장 중요한 시기라고 말합니다. 예를 들어 스탈린의 경우 사후 3년 만에 흐루시초프에 의해 '탈스탈린 정책'이 시작됐고 모택동도 사후 2년 만에 비슷한 일이 일어났거든요. 김정은이라고 해서 이 3년의 마법에서 완전히 자유로울 수는 없었을 것입니다. 결국 아버지도 생전에 2~3년을 조심하라고 신신당부를 했을 것이고 바로 이러한 상황 속에서 가장 빠르고, 효과적으로 자신의 존재감을 대내외에 알릴 수 있는 핵실험을 선택했다고 볼 수 있을 것 같습니다.

북한의 핵문제는 우리나라를 염두에 두고 있지 않다

우리가 여기에서 한 번쯤 짚고 넘어가야 할 것은 그렇다면 우리가 어떻게 북한의 핵을 통제할 수 있느냐 하는 문제입니다. 일부 사람들은 이게 다 '김대중 정권과 노무현 대통령이 햇볕정책을 하면서 싸놓은 똥이 아니냐', 또 혹은 'MB의 지나친 강경 대북정책이 만들어 놓은 똥이 아니냐' 뭐 이런 이야기를 하고 있거든요. 그런데 사실 이 핵문제는 우리가 했던 특정한 정책의 실패라든지, 혹은 한 정권의 실책이라고 보기는 좀 힘든 면이 있습니다. 미 국무부 차관보를 지내고 현재 맥아더 재단 회장인 갈루치라는 사람이 방한을 했을 때 이런 말을 한 적이 있습니다.

'미국에서도 북한에 대한 강경책을 써보기도 하고, 유화책을 써보기도 했는데 모두 실패했다.'

결국 이 말은 말이죠, 북한은 결코 주변 나라들의 강경책이나 유화

책 때문에 변화되지 않
는다는 의미입니다. 사실
또 북한은 우리나라만을 염두에 두고 핵정책
을 유지하는 것이 아니거든요. 북한은 미국과
중국 등 전 세계를 놓고 핵을 선택한 거지, 결코 단
순한 '대남정책'만을 위해 저러는 건 아닙니다. 그러니까
사실 따지고 보면 우리가 북한의 핵문제를 콘트롤하기는 무척 힘들
다고 할 수 있습니다. 압도적인 군사적 우위를 지키고 있을 때에만 그
나마 북한이 핵을 터뜨리지는 못하는 상황을 유지할 수 있다는 거죠.

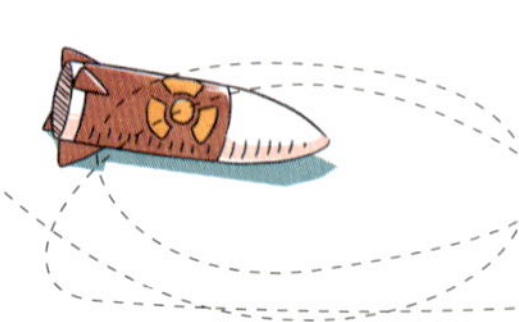

그럼 다시 원래의 문제로 돌아가 봅시다. 북한이 핵실험을 한 이유는 뭘까요? 그건 전 세계에 메시지를 보낸 거죠. '자, 나를 좀 봐 달라. 나 아직 안 죽었다. 나 살아있다' 뭐 이런 거죠. 물론 우리에게도 자신의 강경한 입장을 보여주는 이중의 효과를 노렸습니다. 또한 그 이후에도 북한은 계속해서 강경한 기조로 우리를 압박했습니다. 2013년 3월에 한미군사훈련인 '키리졸브 훈련'이 시작됐을 때도 마찬가지였죠. 노동신문에는 '최후의 결전의 시간이 왔다', '이제껏 간신히 유지되어왔던 조선정전협정이 백지화됐다'하면서 북한 주민들에게 전쟁준비를 시키는 등 전쟁위기를 고조시켰습니다. 물론 전쟁은 일어나지 않았지만 이후에도 북한은 또 한 번의 도발을 통해 국제사회와 우리들에게 강력한 어필을 하려고 했습니다. 2013년 5월 18일부터 20일간 사정거리 100km대의 단거리 발사체로 추정되는 미사일 6발을 동해를 향해 쏜 것이죠. 물론 여기에도 어느 정도 김정은의 꼼수가 들어있다고 봐야 할 것입니다. 너무 센 걸 쏘아버리면 보복을 당할 수 있으니까 단거리 미사일이라는 '잔펀치'를 날리면서 '관심은 끌되 보복은 피하자'는 심산이었던 것 같습니다.

그런데 이렇게 5월 18일경까지 계속해서 핵이다, 미사일이다, 전쟁이다 하면서 잔뜩 독을 품었던 북한이 어느 순간부터 확 달라진 모습을 취하게 됩니다. 그리고 그 과정에서 몇 가지 아주 특이하면서도 주목할 만한 사건이 일어나게 되는 것이죠.

북한은 5월 28일에 그간 폐쇄까지 갔던 개성공단의 방북 허용의사를 표시하면서 첫 번째 태도 변화를 보였습니다. 그 후 8월 23일 남북 실무회담에서 3년 만에 이산가족 상봉에 합의를 했을 뿐만 아니라 근 5년간 중단됐던 금강산 관광을 재개하려는 움직임을 보이기까지 했습니다. 7~8월에 걸쳐서 능라인민유원지를 계속해서 공개했고, 거기다가 미국의 북한 전문여행사를 통해서 '대동강맥주투어'라는 관광 상품을 내놓기도 했습니다. 거기다가 최근까지도 골프장이나 스위스식 스키장 건설이니 하면서 이제껏 보여주었던 모습과는 전혀 다른 제스처를 취하기 시작했습니다.

　자, 그런데 말이죠, 날짜를 한번 주목해 보자고요. 5월 18일까지는 강경기조, 그런데 5월 28일부터는 유화기조, 과연 이 열흘 동안에 북한과 김정은에게는 어떤 일이 일어났을까요? 이 비밀을 풀어줄 수 있는 사건이 바로 5월 10일과 5월 24일에 일어났습니다. 5월 10일은 중국의 4대 은행들이 북한에 대한 송금과 출금을 전면적으로 중단을 해버린 날이었습니다. 북한이 계속해서 핵실험과 미사일 발사 등 독자적인 행동을 하니까, 중국도 제재조치에 들어간 것이죠. 사람도 계좌가 막히면 당장 생활에 곤란을 겪는데, 북한이라고 별 수가 있었겠습니까? 결국 북한은 최룡해 인민국 총정치국장을 중국으로 급파했고 5월 24일 중국의 시진핑 주석을 면담할 수 있었습니다. 그런데 놀라운 사실은 당시 최룡해 국장은 외교 관례상 매우 이례적인 천대를 당했다는 겁니다. 최룡해 국장이 중국으로 출발하던 날에는 면담이 가능할지 불가능할지 결정도 되지 않은 상태였고, 북한으로의 귀국날짜도 두 차례나 미뤄졌었습니다. 또 일반적으로 면담 시간이 정해지면

그 외의 시간에는 거의 시찰을 하는 것이 일반적인데, 최룡해는 딱 한 군데만 시찰을 한 후 이제나 저제나 계속해서 면담 잡히기만 기다리고 있었다네요. 그러니까 이번 특사 건은 북한과 중국이 딱히 사전에 뭔가가 결정돼서 진행된 것이 아니라 북한이 상당히 일방적으로 가서 그냥 '만나게 해달라'며 조른 것이라고 봐야 한다는 거죠. 그런데 이게 다가 아닙니다. 더 놀라운 사실은 김정은이 귀국한 최룡해와는 아예 만나지도 않았다는 것입니다. 이게 참 특이합니

다. 그래도 '특사' 자격으로 중국을 갔다 왔

으면 '그래, 이야기는 어떻게 됐냐'라고

만나서 물어볼 법도 한데 아예 김정은이 최룡해를 만나지도 않았다는 이야기죠. 도대체 이게 어떻게 된 일일까요?

여기에서 가장 유력한 해석은 바로 이렇게 특사를 보낸 주체가 김정은이 아니라 북한의 군부였다는 설입니다. 그동안 강경기조로 계속해서 밀어붙였던 것은 김정은이 아니라 북한 군부였고, 그들의 말을 듣고 최룡해가 중국에 갔다 왔지만 아무런 성과가 없다는 것을 안 김정은은 최룡해를 만나지 않으면서 군부를 향해 아주 강력한 메시지를 전달했다는 것이죠.

'거 봐라. 니들 말 들어서 이제까지 강경기조로 나가봤지만, 중국을 우리 편으로 끌어들이지 못하지 않았냐!'

사실 돌이켜 보면 김정은이 주도적으로 핵실험에 나섰다는 것도 좀 의아한 면이 있었던 것은 사실입니다. 김정은이 처음 등장할 때만 해도 말이죠, 외국에서 유학도 하고 해서 이제 경제개혁도 좀 하고 기존

과는 다른 태도를 취할 것이라는 그런 예측이 많았는데, 이건 예상과
는 전혀 다르게 핵실험을 해버렸단 말이죠. 따라서 그간의 핵실험이나
미사일 발사는 결국 군부의 의지였고, 상황이 여의치 않자 김정은의
생각이 많이 달라졌다는 예상도 해볼 수 있겠습니다.

1 이런 댓글들이 많아요. 어쩌면 아버지랑 그렇게 똑같이 하냐고. 그래도 김정은이 스위스에서 학교를 다닌 친군데….

2 아까 읽었잖아요, 스위스에서 공부 안했다고….

3 땡땡이치면 어디 가겠어요? 알프스 가지. 어쨌거나 스위스 초콜릿도 먹고 이런 친군데…. 어린 친구가 더 심한 모험을 거느냐 이거죠.

4 아직 성숙되지 않은 사람이잖아요. 경상도 말로 '얼라'인데 얼라한테 나라를 맡겨놨으니 확확 질러서 나이 많은 어른들한테 인정받아야지 이런 거 아니겠어요? 애는 살짝 달래야지 말리면 안돼요.

5 아니 근데, 북한 핵 개발이 김대중 정권에서 퍼준 돈으로 하는 거 아니냐, 이런 얘기가 있는데…?

6 저는 일단 김정은이 왜 이러냐, 2006년에 처음 핵 실험을 했거든요. 2009년에 2차 핵실험을 했어요. 이제 3년 됐으니까 할 때가 된 거에요. 이건 정해진 프로그램에 따라 움직이는 거죠. 정권 바뀌고 한 1년 됐으니까 뭘 하긴 해야 하는데 눈에 보이는 가장 가시적인 건 역시 핵이다, 이거죠.

7 새로운 권력이 들어서면 2~3년이 제일 중요하거든요. 김정은 입장에서는 배운 게 있을 거 아니에요? 아버지한테. 결국 아버지가 가르친 대로 하는 거예요.

8 어떻게 보면 독재 쪽으로 3대째 하고 있으니까 가업은 가업이네~

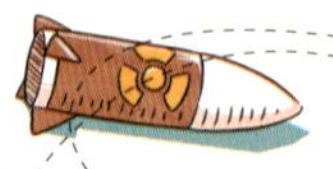

결국 김정은은 자신이 의지하는 중국으로부터 굴욕에 가까운 천대를 받은 후에야 그때부터 마음을 돌려 대화의 메시지를 흘리기 시작했습니다. 이제까지 해왔던 강경기조가 최대의 우방국이라고 할 수 있는 중국에 그 어떤 어필도 하지 못했다는 것, 그리고 우리 남한에 대해서도 얻을 수 있는 것은 거의 없다는 것을 깨달았기 때문입니다.

그럼 왜 중국은 그렇게 최룡해를 천대했을까요? 그거야 뭐 당연한 거 아니겠습니까? 그렇게 계속 핵이니 미사일이 해봐야 득 될 거 없으니까 좀 가만히 있어라, 이런 거 아니겠습니까? 그럼 이번에는 왜 중

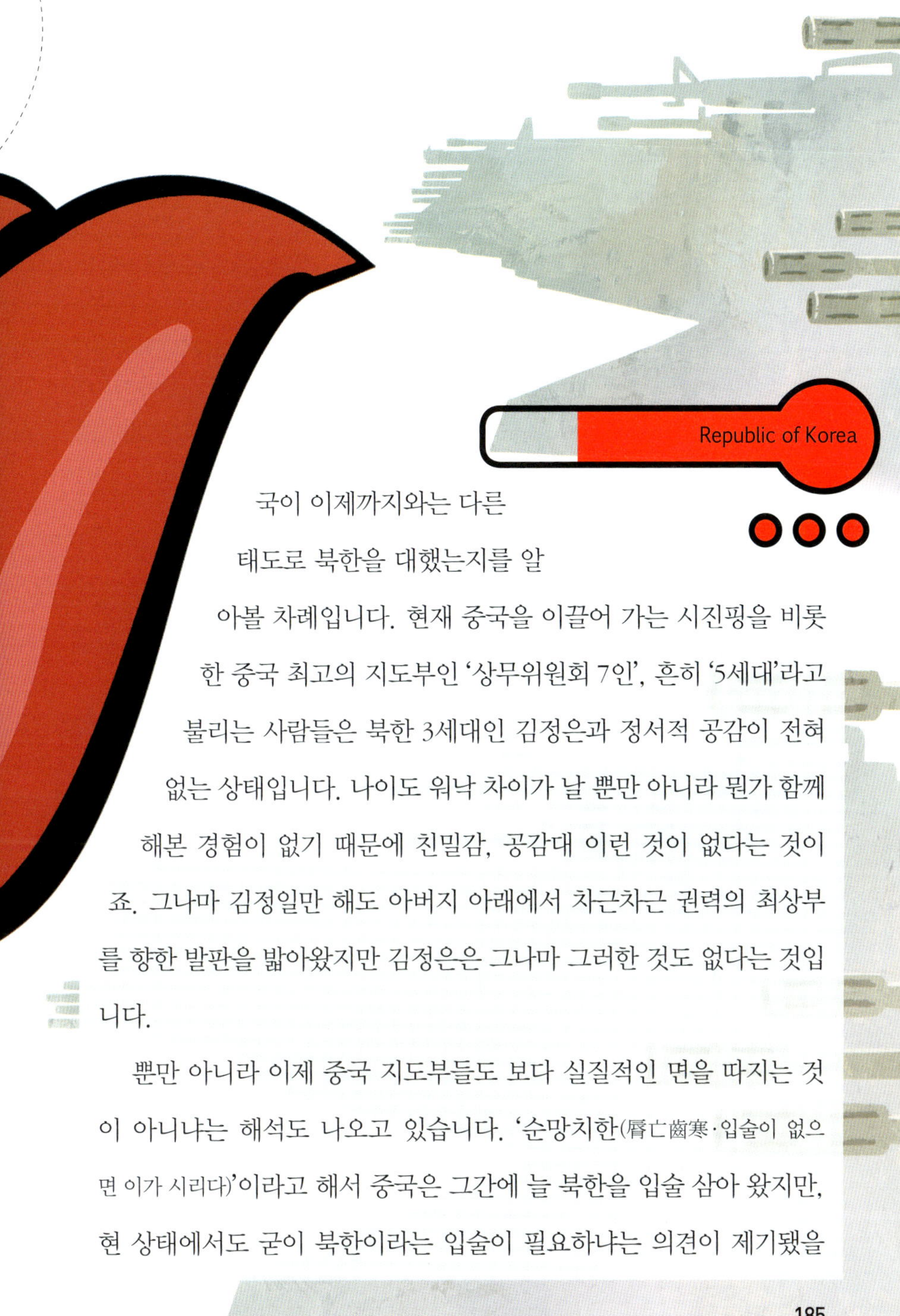

국이 이제까지와는 다른 태도로 북한을 대했는지를 알아볼 차례입니다. 현재 중국을 이끌어 가는 시진핑을 비롯한 중국 최고의 지도부인 '상무위원회 7인', 흔히 '5세대'라고 불리는 사람들은 북한 3세대인 김정은과 정서적 공감이 전혀 없는 상태입니다. 나이도 워낙 차이가 날 뿐만 아니라 뭔가 함께 해본 경험이 없기 때문에 친밀감, 공감대 이런 것이 없다는 것이죠. 그나마 김정일만 해도 아버지 아래에서 차근차근 권력의 최상부를 향한 발판을 밟아왔지만 김정은은 그나마 그러한 것도 없다는 것입니다.

뿐만 아니라 이제 중국 지도부들도 보다 실질적인 면을 따지는 것이 아니냐는 해석도 나오고 있습니다. '순망치한(脣亡齒寒·입술이 없으면 이가 시리다)'이라고 해서 중국은 그간에 늘 북한을 입술 삼아 왔지만, 현 상태에서도 굳이 북한이라는 입술이 필요하냐는 의견이 제기됐을

185

가능성도 있습니다. 예를 들어 핵을 가지고 '쌩쇼'를 하고 있는 북한을 다루는 것이 편한가, 아니면 수교를 한 지가 무려 20년이 넘고, 서로 경제적인 의존도가 높은 한국과 대화하는 것이 편한가 하는 부분에 있어서 중국의 5세대 정치인들이 좀 더 실질적인 고민을 하고 있다는 이야기입니다.

이런 상황에서 북한은 중국도 믿지 못하겠다 싶어 얼른 일본에다 손을 내밀기도 했습니다. 중국의 태도가 이상해지자 북한은 5월 22일에 일본에 특사를 파견했죠. 중국의 국영은행들이 계좌를 막은 직후의 일입니다. 그때 일본 아베 정권 역시 그 화답으로 특사를 보내고 빠르면 6월안에 북일정상회담이 열릴 것이라는 희망적인 메시지를 전했습니다. 하지만 일본은 곧바로 미국에게 핀잔을 듣고 이것도 유야무야되어버렸지요. 결국 이제 북한은 중국, 미국, 일본 등 그간 협상을 해왔던 강대국에게 모두 천대를 당한 후, 말 그대로 한풀 꺾인 상태에서 우리나라와 대화를 원하는 형국이라고 할 수 있겠습니다.

"김정은이 흉내 내는 것이 바로 할아버지 김일성이었어요. 근데 김일성이 평생에 이루고 싶었던 것이 전 인민에게 쌀밥에 고깃국을 먹이는 거였거든요. 근데 그걸 결국 못 이루고 갔죠. 김정일도 그랬고요, 이제 김정은이라도 북한 주민들을 굶기지 않고 경제를 우선시했으면 좋겠네요."

"물론 앞으로도 티격태격할 수는 있어요. 하지만 큰 흐름상으로는 대화기조가 이어지지 않을까 싶고요, 또한 우리에게도 계속해서 메시지를 던질 것 같습니다. 이럴 때에는 정부가 좀 불편해도 대화를 생각할 시점이 아닌가 합니다."

한반도 전쟁, 도대체 일어날 가능성이 있나? 없나?

북한이 우리에 대해서 '전쟁을 하겠다'고 협박을 했던 적이 사실 한두 번이 아닙니다. 이제 우리 국민들도 그런 거에 좀 무덤덤해진 것 같기는 하지만, 그래도 내심 불안한 감이 없지는 않을 겁니다. 그래서 누군가 '우리나라 진짜 전쟁 나는 거야?'라고 물어볼 때는 좀 난감하기도 하죠. 전쟁이 안날 것 같기는 한데, 그렇다고 완전히 안 난다고 말할 수도 없고, 또 안 났으면 좋겠지만, 북한이 하도 저러면 '혹시나'하는 생각이 들기도 합니다. 물론 이제까지 6.25 전쟁 이후에 단한 번도 전쟁이 나지는 않았지만, 전쟁이라는 게 예고를 하면서 시작하는 게 아니잖아요? 정말로 우리나라에 전쟁이 날 가능성이 있을까요, 없을까요?

사실 따지고 보면 전쟁의 위험은 지금의 김정은 체제보다 김일성, 김정일 체제에서 더 발발할 가능성이 높았다고 봐야 합니다. 그 이유는 말이죠, 이 김일성, 김정일은 그래도 중국과 '형−동생'하면서 국제적인 위상을 나름대로 확보하고 있었다는 거죠. 어느 정도의 국제적인 입지가 있다 보니 활동의 영역 또한 넓힐 수 있었습니다. 마치 똘마니들이 형님을 믿고 까불 수 있듯이 말이죠. 형님만 허락해준다면야 상대방 보스와 '맞짱'을 뜰 수도 있는 거 아닙니까?

그런데 문제는 말이죠, 지금 김정은에게는 믿을 만한 '형님'이 없다는 것입니다. 형님이 힘을 보태주지 않는데, 똘마니 혼자 나가서 상대편 조폭 두목이랑 맞짱을 뜨기는 너무 힘든 거죠. 거기다가 중국, 미국, 일본, 러시아 등이 우리 남북한 주위를 감싸 앉고 있는데, 이 상황에서 김정은이 혼자서 단독으로 전쟁을 한다는 것은 거의 불가능에 가깝다고 봐야 할 것입니다. 그러니까 계속해서 전쟁협박은 한다는 것은 '다른 용도'가 있다고 봐야죠. 바로 내부 단속용입니다. '야, 곧 전쟁할 거니까 전쟁준비 해!'라고 말하는 것은 내부 조직원들에게 긴장감도 불어 넣어주고, '아, 우리도 아직 자존심이 살아있구나'라는 느낌을 주면서 체제를 단속하고 정비한다는 이야기입니다.

또 실질적인 군사력 분야에서도 우리나라의 전력이 거의 압도적이라고 봐야죠. 그러니까 힘의 균형에서도 밀리고 있고 국제적인 지지도 없는 상태에서 김정은이 전쟁을 일으킬 가능성은 거의 없다, 뭐 이렇게 봐도 무관하겠습니다. 다만 이제까지도 그래왔듯이 국지적인 도발은 언제든지 가능하지 않겠냐, 이런 전망을 해볼 수 있겠습니다.

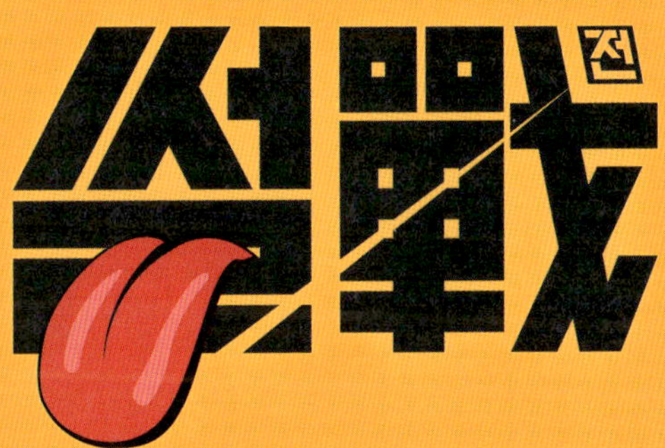

썰戰[전]

일본 우경화와
망언 열전

6

독도

대마도
대

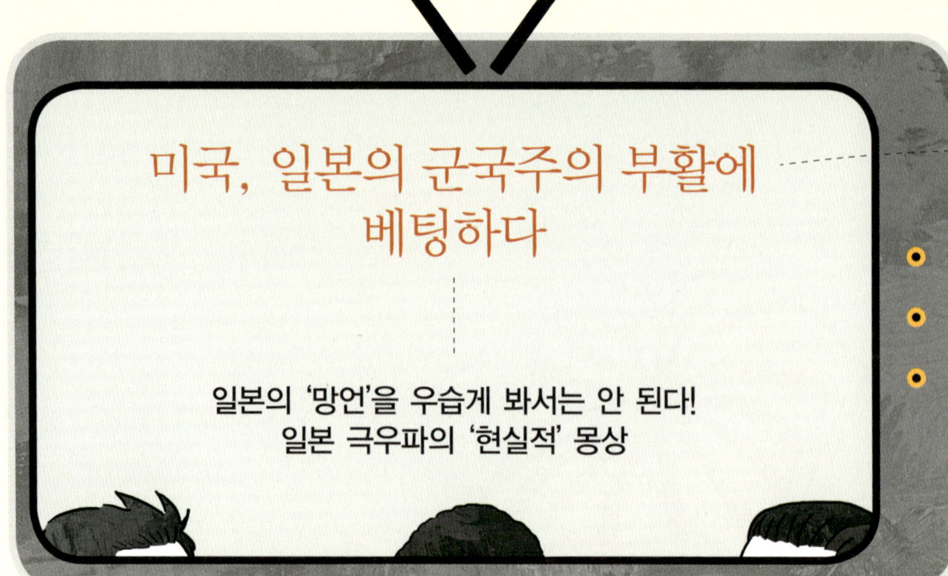

잇을 만하면 터져 나오는 것, 바로 일본의 망언입니다. 그런데 최근 들어 이런 일본의 망언들이 아주 시리즈로 나오면서 우리나라 국민들을 열 받게 하고 있습니다. 거기다가 아베 정권의 행보는 아주 가관이라도 해도 과언이 아니죠. 군사력을 강화하려고 한다든지, '침략은 보는 관점에 따라서 다르다'라는 어처구니없는 말도 늘어놓고 있습니다. 이를 대하는 우리 국민들은 '저것들 미친XX 아냐?'라고 말하기도 하고 또 어떤 사람들은 '그래 봐야 니들이 뭘 하겠냐'하는 식으로 대하곤 합니다. 그런데 말이죠, 최근 아주 충격적인 소식이 들려왔습니다. 바로 미국이 일본의 집단 자위권을 인정해 줬다는 것입니다. 집단 자위권, 이거 세계 2차 대전 후에 일

본이 완전히 빼앗겼던 겁니다. 그런데 이게 다시 부활하기 시작했다는 말이죠. 아, 도대체 이게 무슨 일일까요? 우리가 일본의 '망언'을 그냥 '망언'으로 치부해서는 안 되는 이유가 바로 여기에 있습니다. 일본 극우파들의 몽상이 정말로 현실화되어 가고 있다는 징조가 여기저기서 나타나고 있기 때문입니다. 그것도 우리의 '우방'이라고 불리는 미국에 의해서 말이죠.

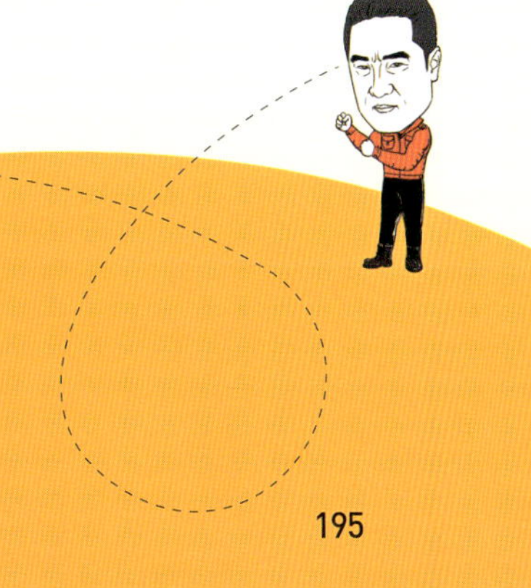

망언에는 계산된 속내가 있다

　우선은 말이죠, 일본이 그간 어떤 망언들을 해왔나, 그리고 그 망언 속에 감춰진 속내는 무엇인가를 살펴볼까 합니다. 망언 시리즈가 하도 많아서 다 열거하기도 쉽지 않지만, 가장 최근의 것들만 한번 보겠습니다. 2013년 4월 23일, 아베 신조 일본 총리는 정말로 쇼킹한 말을 했습니다.

　"침략의 정의는 학계나 국제적으로 정의된 것이 아니다. 국가 간의 관계에 있어서 어느 쪽에서 보느냐에 따라 다른 것이다."

　도쿄 도지사를 오래했던 이시하라 신타로도 이런 망언을 했죠.

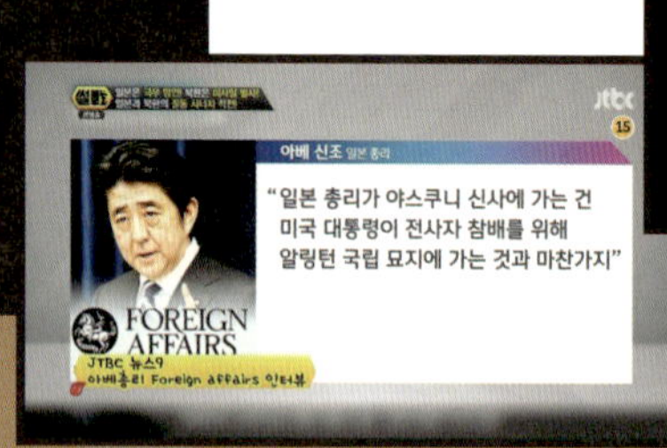

"침략을 인정하는 건 자학이다."

결국은 '우리는 침략 전쟁을 하지 않았다'는 말로 요약해 볼 수 있습니다. 자신들의 입장에서는 침략이 아닌 '진출'이라고 볼 수 있다는 말이죠. 거기다가 아베는 미국 외교전문지 'Foreign Affairs'와의 인터뷰에서 이런 이야기도 했습니다.

"일본 총리가 야스쿠니 신사에 가는 것은 미국 대통령이 전사자 참배를 위해 알링턴 국립 묘지에 가는 것과 마찬가지다. 남군이 묻혀 있는 미국 알링턴 국립묘지에 간다고 해서 노예제도를 찬성하는 것은 아니지 않는가?"

아베의 이러한 말에 일본 자민당 정조회장 다카이치 사나에가 했던 아래의 말까지 겹쳐서 생각하면 그들의 검은 속내가 보입니다.

"국가를 지켜주신 분들을 어떻게 위령할지는 일본 국내 문제입니다. 외교 문제가 되는 건 너무나 이상합니다."

이건 뭡니까. 결국 우리는 침략을 인정할 수 없다, 그러니까 우리의 조상들을 '전범'으로 인정할 수도 없다, 그러니 신사참배를 하는 걸 그

냥 냅둬라, 니들이 왜 우리 국가 문제에 참여하느냐, 이런 거 아니겠습니까?

여기다가 위안부 문제까지 거들고 있습니다. 오사카 시장이자 일본 유신회 공동대표인 하시모토 도루의 말입니다.

"군위안부가 성노예로 불리고 있지만 이는 틀린 표현이다. 세계 각국의 군대가 군 위안부를 이용하고 있었는데, 일본만 비판하는 건 불공정하다."

아주 망언 퍼레이드 경쟁을 하고 있습니다. 여기다가 지난 8월 15일, 광복 68주년에 우리 국민들이 분노할 만한 기막힌 뉴스가 하나 나왔습니다. 극우성향의 산케이 신문이 8월 6일자로 보도한 내용입니다.

"아베 내각은 '욱일기의 사용이 문제없다는 입장'을 정부 견해로 공식화하는 방안을 추진 중이다. 한국의 반일 민족주의에 의해 욱일기의 명예를 박탈당하는 것은 피해야 한다."

자, 그럼 이제 정리해봅시다. 그러니까 일본 우익의 머릿속에는 바

로 이런 시나리오가 그려져 있다는 이야기입니다.

'침략 전쟁 부인 → 전범 부인 → 위안부 부인 → 욱일기 부활 → 집단 자위권 되찾기'

결국 자기네 과거를 모두 부정해버리고 침략 전쟁의 가장 대표적인 욱일기를 부활시키며 군사력을 강화시키겠다는 의도입니다. 그런데 특히 이 욱일기의 부활이 의미하는 바는 뭘까요? 그냥 좋은 디자인의 깃발 하나 다시 쓰겠다고 하는 건 아니겠죠?

일본의 군국주의는 정말로 부활할 것인가?

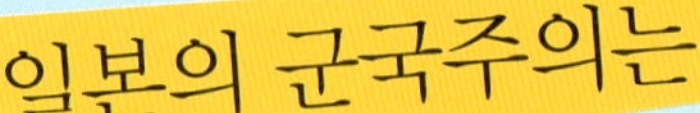

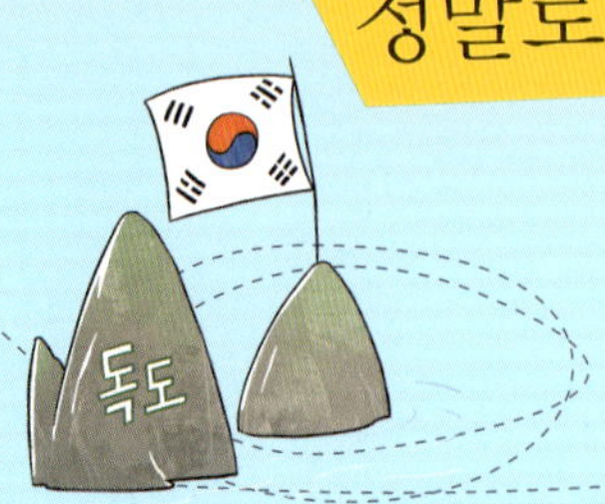

욱일기의 부활은 아직 일본 정부의 공식 견해는 아닙니다. 하지만 이걸 극우성향의 산케이 신문을 통해서 보도했다는 것 자체가 일종의 간보기라고 할 수 있습니다. 또한 신문에 나왔을 정도라면 실제로 아베 내각 중에서 '욱일기의 공식화'를 추진하는 세력이 있긴 있다는 거죠. 산케이 기자한테 쓱 흘리면서 여론이나 국제적인 분위기를 한번 떠본 겁니다.

그런데 이 욱일기라는 거, 상당히 심각한 겁니다. 일본이 세계대전

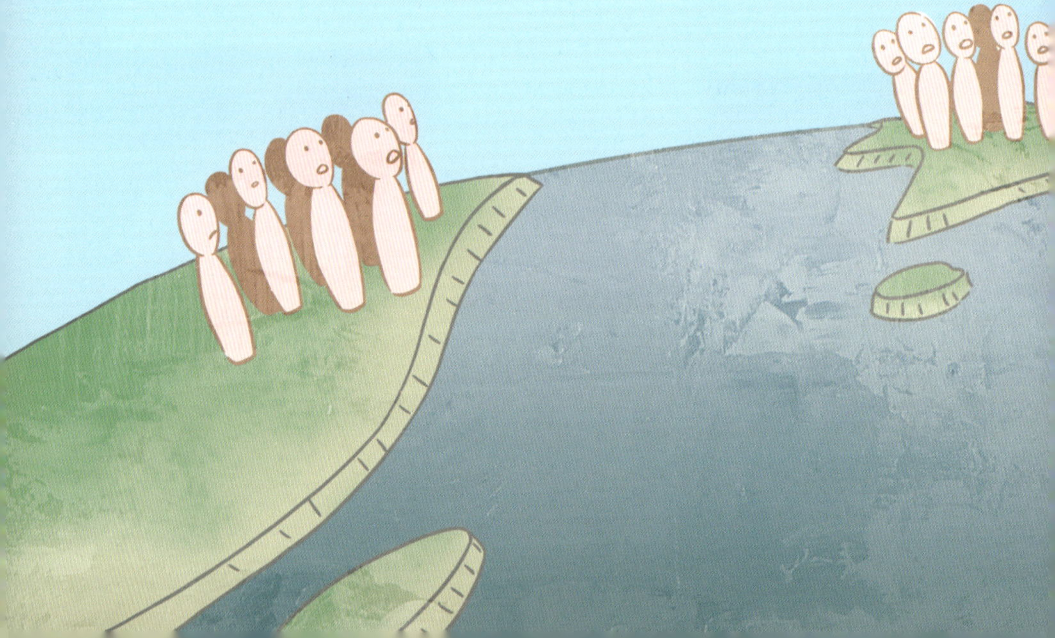

을 하면서 바로 이 깃발을 들고 전쟁을 했습니다. 일본 제국주의 침략전쟁의 가장 대표적인 상징이죠. 욱일기는 1945년 일본의 패전 후에 사용이 금지됐었는데요, 1950년대 들어서 다시 사용되기 시작했습니다. 근데 여기서 하나 짚고 가야 할 것이 말이죠, 우리가 욱일기에 너무 관대하다는 거예요. 우리나라 신촌의 한 바(Bar)에서 독일 침략의 상징인 하켄크로이츠를 걸어놓은 적이 있었습니다. 근데 놀라운 것은 이스라엘 정부에서 공식적으로 신촌 바에 항의를 했다는 거 아닙니까. 그래서 인테리어를 전부 교체했죠. 유태인들의 철저한 역사의식이 대단하지 않습니까. 반면 우리는

어떻습니까? 심지어 젊은 세대는 욱일기가 뭔지도 모르는 경우가 허다해요. 그러니 욱일기가 그려진 옷을 아무렇지 않게 입고 돌아다니는 거 아니겠습니까.

근데 이런 일본의 짓거리들이 욱일기 부활에만 머물지 않고 있습니다. 더 놀라운 사실은 아베 총리 자체가 일본 극우파의 힘을 등에 업고 과거 일본 군국주의 부활에 대한 꿈을 꾸고 있다는 이야기입니다.

여러분들도 아마 '731부대'라는 이야기를 들어보신 적이 있을 것입니다. 731부대는 중일 전쟁 당시 반인륜적 실험으로 악명을 떨친 일본 관동군 소속 생체실험 부대입니다. 그런데 아베가 지난 5월 초에 일본 미야기현 항공자위대를 방문해서 731이라는 숫자가 적힌 항공기를 타고 엄지손가락을 치켜 올렸습니다. 일본에서는 '우연의 일치'라고 하지만 그렇게 보기는 힘듭니다. 당시 현장에는 720번도 있었고, 725부터 730까지 계속 번호가 있었는데 왜 꼭 이걸 탔냐 이거죠. 아베가 '731'이라는 숫자가 무엇을 의미하는지도 몰랐다? 이건 말도 안 되는 이야기죠. 실제로 아베가 731의 의미를 너무나 잘 알고 있다는 것을 말해주는 사례도 있어요. 지난 2006년에 말이죠, 당시 아베가 관방장관이

있는데, 일본 TBS 뉴스 리포트에서 731부대를 다룬 적이 있었습니다. 그때 방송 화면에 아베 관방장관의 소품용 사진이 3초간 노출이 됐죠. 당시 TBS는 이 일로 인해 총무성의 '엄중주의' 처분까지 받았어요. 아베는 차기 총리감인데, 왜 731부대와 엮는냐, 뭐 이런 이야기였죠. 당시 아베 총리는 기자회견을 하면서 '내 정치 생명을 해치려는 것이라면 매우 큰 문제이다. 의도적인 것은 아니라고 믿고 싶다'고까지 이야기했거든요. 그렇게 731의 의미를 잘 알고 기자회견까지 했던 사람이 731 훈련기를 우연히 탔다는 게 믿기십니까?

미국 워싱턴의 한 정치 정보지는 '아베가 731기를 탄 것은 독일 총리가 나치 제복을 입은 것과 마찬가지'라고 논평했습니다. 결국 욱일기의 부활은 일본이 다시 막강한 군사력으로 무장하고 전 세계를 상대로 다시 한 번 과거의 영광을 되찾겠다는 속내로 비춰질 수밖에 없습니다.

67535

그럼 우리는 이 시점에서 아베와 일본 극우파들이 왜 자꾸만 군국주의의 부활을 원하느냐, 왜 자꾸 군사력을 갖추려고 하느냐 하는 아주 본질적인 문제를 한번 살펴봐야 할 것 같습니다. 이걸 알지 못하면 지금 일본을 둘러싼 변화를 알지 못하고,

또 일본과 미국의 관계도 쉽게 파악할 수가 없기 때문이죠.

　일본이 근대화를 이루면서 국제무대에 등장한 것은 1867년으로 거슬러 올라갑니다. 그런데 그때부터 일본의 '침략적인 근성'이 끊임없이 나왔습니다. 무려 78년간이나 전 세계를 대상으로 전쟁을 해왔던 것이죠. 1894년 청일전쟁, 1904년 러일전쟁, 1931년 만주사변, 1937년 중일전쟁, 1941년 태평양 전쟁까지 한마디로 일본 근대의 역사는 그냥 '주변국들과의 전쟁의 역사'라고 해도 과언이 아닙니다. 그렇게 해서 한바탕 난동이 마무리된 것이 태평양 전쟁이 끝난 1945년이었습니다. 그리고 그때부터 현재까지 68년이라는 세월이 흘렀습니다.

　여기서 우리는 다음의 세 가지를 아주 주의 깊게 봐야 합니다. 그것은 바로 ▲일본이 패전 후 가지고 있던 거세의식과 과거에 대한 향수 ▲성장이 멈춰버린 일본 경제 ▲그리고 중국의 급격한 발전이라는 것이죠.

　이 세 꼭짓점 안에 지금 일본이 하고 있는 망언과 군국주의 부활에 대한 명쾌한 이유가 담겨있습니다. 우선 첫 번째로 '거세의식'입니다. 패전 직후 일본은 미국에 의해서 헌법 9조인 '일본 평화 헌법'을 체결해야 했습니다. '일본의 군사 전력 및 교전권을 인정하지 않는다'는 것이 주요 내용입니다. 이건 뭡니까. '주변국들과 싸워서는 안 되고 싸울 준비도 해서는 안 되고, 싸울 생각조차 하지 마라'는 내용입니다. 한마디로 남자라면 거세를 당했다고 표현해도 될 정도입니다. 예를 들어 말이죠, 한때는 주먹 좀 쓰면서 허세를 부렸던 놈한테 '너는 절대로 싸울 수 없다'라는 족쇄를 씌워 놓으면 어떨까요? 그 놈이 싸우든 안 싸우든 일단 기가 팍 죽게 되어 있죠. 예전의 자신을 알던 사람들에게 괜히 무시 받는 것 같고, 그래서 모욕감을 참기 힘들 겁니다. 지금 일본 극우파들의 생각이 바로 이것이죠. 그간 경제는 엄청나게 성장해서 세계 2위까지 올라갔단 말입니다. 근데, 군사력이 없다는 거죠. 즉 경제에 맞는 군사력을 갖출 수 없다 보니 '이건 정상적인 국가가 아니지 않냐'라는 생각을 하게 된 것입니다. 군사적인 거세를 당했다는 치욕감,

그리고 잘 나가던 시절에 대한 향수가 일본 군국주의 부활의 첫 번째 요인이라고 할 수 있겠습니다.

두 번째는 말이죠, 이제 일본의 경제 성장이 거의 멈춰 버렸다는 것입니다. 국내 경제가 성장을 멈추면 어떻게 해야 됩니까. 외부로 나가야죠. 사실 일본이 태평양 전쟁을 일으켰던 상황도 지금과 똑같습니다. 1930년대 일본은 경제 성장이 멈춰버렸죠. 그러니까 전 세계와 싸우면서 영토를 넓히고 좁은 섬나라를 탈출해서 '대일본 제국'을 세우려고 했던 겁니다. 지금 일본도 경제가 멈춰버린 상황에서 이제는 섬나라를 탈출하고 싶은 것입니다. 그렇게 하려면 당연히 군사력이 있어야죠. 과거에 미국이 씌워놨던 평화헌법 9조를 깨버려야 합니다.

마지막으로는 중국의 급격한 부상입니다. 사실 외교적으로 말이죠, 한 지역에서 가장 위험한 것은 바로 한 국가가 갑자기 너무 커져버리는 것입니다. 이렇게 되면 균형이 깨지고, 그 깨진 균형을 되찾기 위해서 주변의 국가들은 위험을 무릅쓰기 시작합니다. 일본이 지금 딱 그 상황입니다. 예전에는 '중국 따위'라고 생각했지만, 지금 중국에게 세계 2위의 경제대국이라는 패권을 빼앗겨 버렸죠. 일본의 입장에서 보면요, 이거 아주 무서운 겁니다. 예전에는 무시했던 놈이 갑자기 자신의 지위를 빼앗아 버리고 자신을 협박한다? 이러니 일본이 군국주의 부활을 노리지 않을 수가 없는 것입니다.

아, 우리의 우방 미국이?

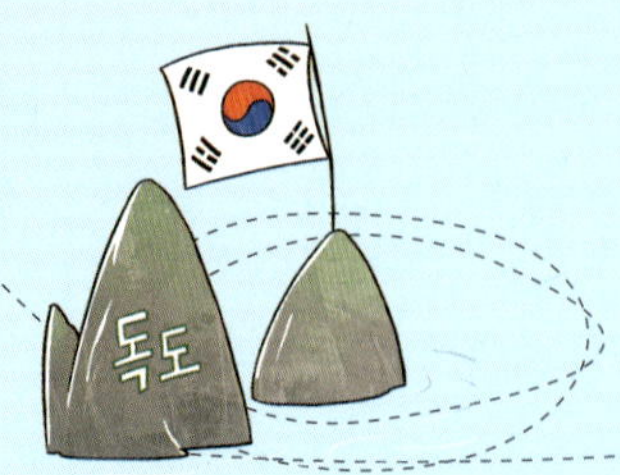

물론 일본의 이러한 시도에 대해서 주변 국가들은 당연히 우려를 표명하고 있습니다. 특히 미국은 태평양 전쟁 당시 일본을 직접 굴복시킨 나라였기 때문에 무엇보다 이 부분에 대해서는 우리나라와 같은 입장을 가지고 있다고 생각해왔죠. 우리도 사실 은근히 미국을 믿고 있었던 부분이 없지 않아 있었습니다. 그런데 말이죠, 최근 놀라운 일이 생겼습니다. 10월 3일 도쿄에서 열린 미·일 외교·국방장관 회담에서 미국은 이렇게 밝혔습니다.

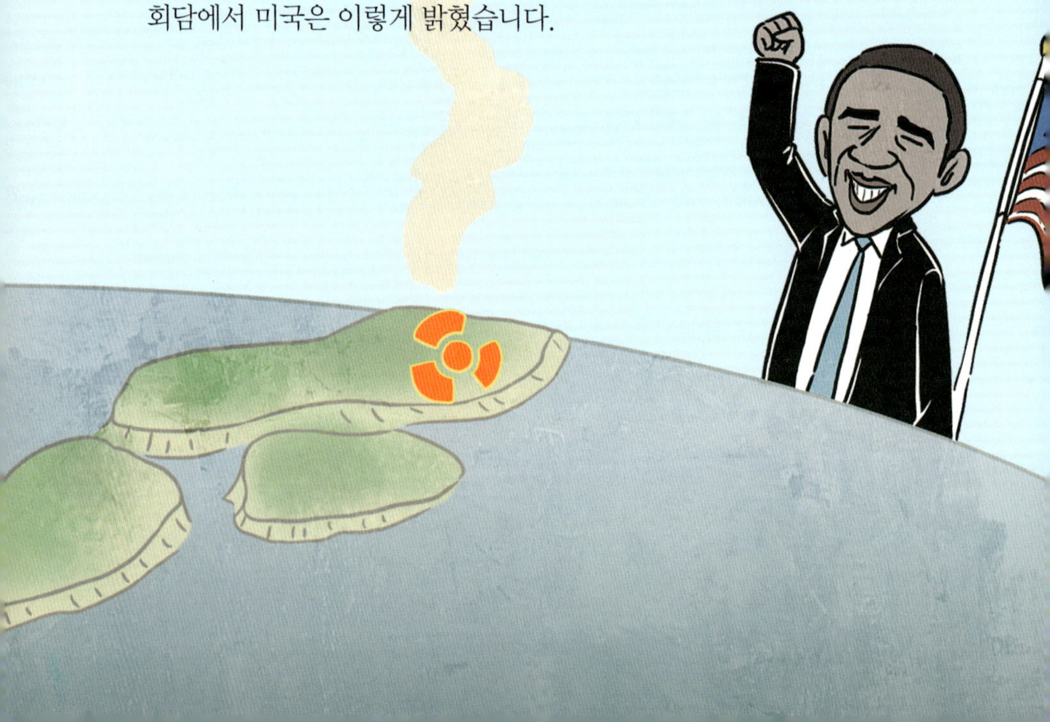

"집단적 자위권 행사와 관련된 사항을 포함한 법적 기반을 재검토하고, 방위예산을 증액하는 일본의 노력을 환영한다."

이게 뭔 말입니까. 이제껏 그렇게 일본의 군국주의에 대해서 반대하는 입장을 가졌던 미국이 순식간에 일본 군국주의 부활의 빗장을 풀어준 것입니다. 함께 있던 아베 총리의 얼굴에는 웃음이 가시지를 않았고요. 특히 미국의 이러한 반응은 일본 극우파들이 그렇게 깨고 싶어 했던 평화헌법 9조, 즉 '일본은 국제분쟁에 무력을 사용할 수 없다'는 것을 우회적으로 지원해준 것이라고 볼 수 있습니다. 미국이 일본의 집단적 자위권 행사를 인정했다는 사실을 확대해석하게 되면 이제 일본은 전쟁에 참여할 수가 있게 된 것이죠.

물론 미국 역시 이렇게 할 수밖에 없는 이유도 있을 겁니다. 중국의 거센 도전이 계속되고 있는 상황에서 일본을 언제까지나 억누를 수는 없다는 계산도 있었겠죠. 거기에다 아시아-태평양 지역의 안정에 엄청난 군사비가 들어가는 미국으로서는 일본이 이를 맡겠다고 하자 반대급부로 집단적 자위권을 인정해줬을 것입니다. 하지만 더 큰 위험은 일본의 핵무장입니다. 이미 일본은 47톤의 플루토늄을 갖고 있죠. 마음만 먹으면 6개월 안에 핵무장이 가능하다는 것이 전문가들의 공통된 의견입니다.

이런 사실을 볼 때 참 외교에서는 영원한 적도 없고, 영원한 동지도 없다는 말이 맞는 것 같습니다. 대한민국의 영원한 우방이라는 미국이 박탈됐던 일본의 집단 자위권을 인정해주었으니까 말이죠. 결국 이렇게 본다면 주변국의 상황은 또 어떻게 돌아갈지 모르는 일이고, 우리에게 또 어떻게 불리하게 작용할지도 모르는 일입니다.

더 주의해야 할 것은 현재 아베 정권의 국민적 지지도가 70%라는 겁니다. 지난 10년 동안 일본에서는 이렇게 높은 지지를 얻은 정권이 없었습니다. 이 말은 뭘까요. 상당수의 국민들조차 우익적 성향을 가지고 있다는 말입니다. 우리가 정신을 바짝 차려야 하는 것은 바로 이 부분입니다. 우리 스스로가 힘을 갖지 않으면 결코 일본의 망언을 멈추게 할 수도 없고, 일본의 군국주의의 부활을 억제할 수도 없기 때문입니다. 앞으로는 우리도 이래야 할 것 같습니다. 일본이 망언을 할 때마다 '에라이 미친놈들아'라고 무시할 것만이 아니라 더 큰 경계심을 가져야겠어요. 이제는 그들의 망언과 검은 속내가 점점 현실화되어 가고 있기 때문입니다.

일본 망언에 대해
한마디 한다면?

Sseoljeon News

"주변 국가들에게 피해의식을 불러일으켜서 과연 일본이 무엇을 얻을 것인지 생각해봤으면 좋겠어요. 이러니까 일본이 선진국 대우를 못 받는 거 아니겠어요? 한마디로, 그러니까 니들이 안 되는 거야!"

"지금 일본이 들 것은 욱일기가 아니라 참회기죠. 이제는 반성 좀 해야죠."

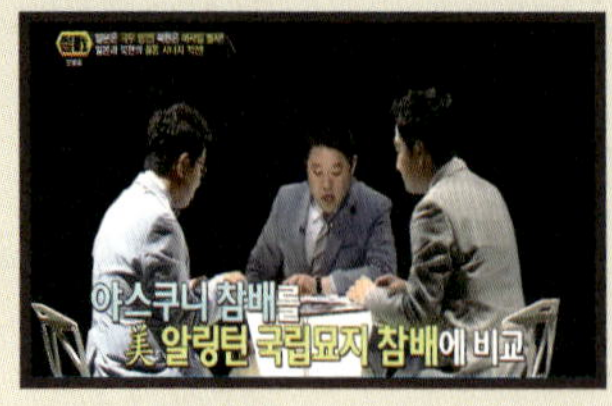

1 아베 총리가 인터뷰를 하면서 '일본 총리가 야스쿠니 신사에 가는 건 미국 대통령이 전사자 참배를 위해 알링턴 국립묘지에 가는 것과 마찬가지'라고 얘기를 했어요.

2 네, 예를 든 게 남군이 묻혀 있는 알링턴 국립묘지에 간다고 해서 노예제도를 찬성하는 것은 아니지 않냐고 한 거죠. 근데 미국은 내전이었고, 이건 명백한 침략 전쟁 아니겠습니까? 명백히 성격이 다른 거죠.

일본 망언 이슈

3 오사카 시장 하시모토의 위안부 발언도 있죠. 그 양반이 너무 세게 나가서, 군 위안부가 성노예라고 불리고 있지만 이는 틀린 표현이라고 말했죠. 세계 각국의 군대가 위안부를 이용하고 있었는데 일본만 비판하는 건 옳지 않다고 해서 미국 정치인들이 강하게 반발하고 나섰거든요.

4 지금 서로 경쟁에 나서고 있습니다. 무슨 돌 아이 천국도 아니고! 하시모토, 이 친구는 나이도 젊잖아요?

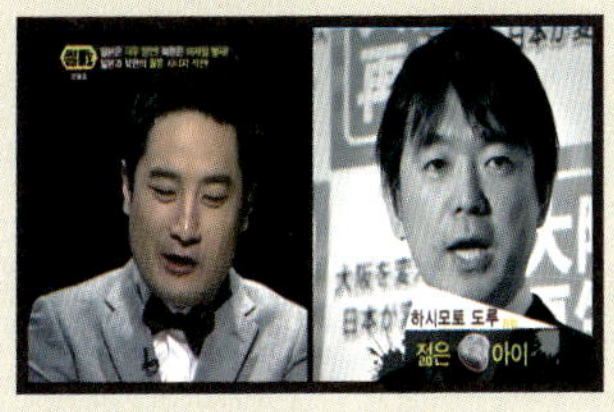

5 한 명 더 있어요. 이시하라 신타로라고, 이 사람은 '침략을 인정하는 건 자학'이라고 말했죠.

6 속된 말로 욕을 욕대로 먹으면서도 계속 이런 발언들을 하는 이유는 뭔가요? 선거 노리고 그런 건가요?

7 선거용이라고 보기엔 너무 과하죠. 꿈이 있는 것 같아요. 일본 우파들이 갖는 꿈이…, 태평양전쟁에 대한….

8 한마디로 망상이네요!

전직 대통령 경호비, 도대체 얼마?

　　대통령들은 퇴임을 하면 아주 든든한 경호를 받으면서 안전하게 살아가고 있습니다.

　　전두환 대통령은 2006년부터 2010년까지 1년에 8억 1,193만원에 이르는 경호비를 썼고요, 노태우 전 대통령도 같은 시기에 1년간 7억 1,710만원에 이르는 막대한 경호비를 썼다고 알려지고 있습니다. 근데 이 두 분이 같은 전직인데 약 1억 정도가 차이가 나잖아요? 그게 전두환 전 대통령은 워낙 활동을 많이 하셔가지고, 경비가 더 들어가고 노태우 전 대통령은 병환 중이라 별로 돌아다니지를 않으시니까, 이게 1억 정도의 차이를 만든 게 아닐까 싶네요.

　　그러면 전직 대통령은 어떤 경호를 받을까요? 이게 참 어마어마 합니다. 경호 인력은 경찰관 9명, 전의경이 60명, 전기충격기가 지급되고요, 각종 CCTV가 설치되는 건 당연합니다. 이러다 보니까 동네 주민들도 굉장히 불편해 한다고 하네요. 동네 걷다 보면 전경 있지, 경찰 있지, 그러니까 동네가 너무 살벌하게 보이는 거죠. 부동산 가격도 떨어질 가능성이 높고요.

　　거기다가 지금 또 100세 시대 아니겠습니까? 특히 전두환 전 대통령은 맨날 배드민턴 치시죠, 자식들 잘 되고 있죠, 거기다가 멘탈까지 쎄죠. 그러니까 아주 오래 사실 거란 말입니다. 그래서 말인데요, 파주에 가면 출판인 마을이 있지 않습니까. 이것처럼 말이죠, 계속해 늘어날 전직 대통령을 위해서 '전직 대통령 마을'을 만들면 어떻습니까? 이렇게 하면 경호비용도 대폭 줄어들고 그러지 않겠습니까?

어쨌든 이런 경호가 너무 과하다는 지적이 있습니다. 거기다가 경호의 기간이나 규모조차도 정해지지 않은 거니까 결국은 무한정 경호를 받는다는 이야기죠. 하지만 외국을 보면, 프랑스 사르코지 전 대통령은 경호원이 달랑 2명이예요. 이런 면을 좀 본받는다면 우리 국민들의 혈세가 전직 대통령의 경호에 과다하게 사용되는 일이 없어질 것 같습니다.

7

썰戰

서민들은 뭐 먹고 살란 얘기야?

돈
돈
돈
돈
돈
돈
돈
지갑

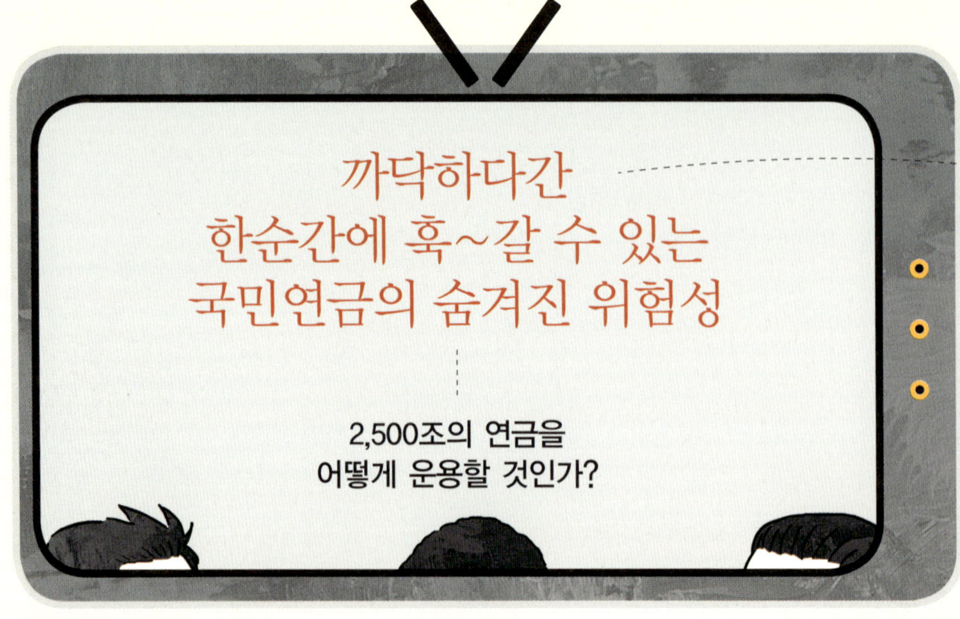

사람이 나이가 들면 점점 더 노후가 불안해지는 게 사실입니다. 아무리 '잘 나간다'는 말을 들어도 내심 나중에 뭐 먹고 사나, 이런 고민을 참 많이 합니다. 직장인들이 은퇴 후에 고깃집을 하네, 치킨 프랜차이즈를 하네 이런 것도 다 노후에 대한 불안 때문이죠. 이건 누구나 다 마찬가지가 아닌가 생각됩니다. 그러다 보니 사실 기댈 게 국민연금 밖에 더 있겠습니까. 나라가 보증을 해준다니 믿을 만하기도 하고 그래서 차곡차곡 국민연금을 내는 분들이 많은데, 문제는 이게 시간이 흐르면 흐를수록 '과연 내가 나이 들어서 이 국민연금을 받을 수 있을까?'하는 불안감이 생긴다는 겁니다. 보건복지부 진영 장관이 사퇴를 한 배경에도 이 국민연금 문제가

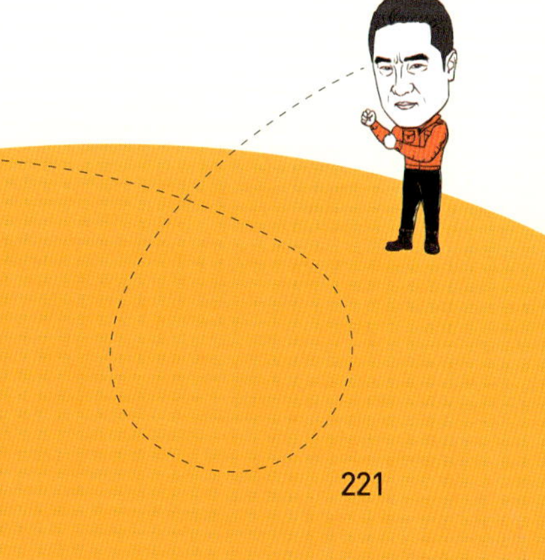

있었습니다. 실제로 2050년 후반이 되면 말이죠, 보험료 납부자보다 연금을 타는 사람들이 더 많아지기 때문에 낸 만큼 안정적으로 연금을 타기가 힘들어진다는 이야기도 있습니다. 상황이 이러다 보니까 소비자 단체인 한국납세자연맹에서 '국민연금폐지운동'까지 해서 9만 명에 가까운 사람들이 서명을 했단 말이죠. 9만 명이면 상당히 엄청난 숫자 아니겠습니까? 국민연금, 도대체 뭐가 문제일까요?

국민연금이 처음 시작된 것은 1988년, 전두환 대통령이 집권하던 군사정권시기였습니다. 그런데 시기가 시기인 만큼 처음 시작을 하려는데, 국민들이 정부의 말을 잘 믿지 않았죠. 그래서 할 수 없이 정부에서는 '낸 돈보다 훨씬 더 많은 돈을 주겠다'는 전략을 취했습니다. 문제의 씨앗은 바로 여기에서부터 잉태된 거죠. 그럼 '훨씬 더 많이 받게 되는 돈'은 도대체 어디서 나오는 걸까요?

자, 이 국민연금 문제를 제대로 알려면 '보험요율'과 '소득대체율'을 알아야 합니다. 간단히 설명하자면, 보험요율이란 월급의 몇 %를 국민연금으로 내느냐를 말하고, 소득대체율이란 국민연금 가입기간의 평균소득을 현재 가치로 환산해서 받는 비율입니다. 국민연금을 시작할 초창기에는 '보험요율 4.5%에 소득대체율이 70%'였습니다. 그러니까

월급의 4.5%를 국민연금으로 내면, 나중에 평균소득의 70%까지 받게 해주겠다는 이야기에요. 그래서 사람들이 '와, 좋네!'하면서 국민연금을 가입하기 시작했던 것입니다.

그런데 문제는 시간이 흐르면서 보험요율은 자꾸만 올라가고 소득대체율은 점점 내려간다는 것입니다. 그러니까 국민들이 내야 하는 돈은 많아지고, 나중에 받는 돈은 더 적어진다는 이야기죠. 현재 전문가들은 국민연금이 건전성을 유지하려면 심지어 보험요율은 12%까지 올려야 하고 소득대체율은 40%까지 낮춰야 한다고 주장하고 있습니다. 처음에는 '4.5%-70%'였던 것이 이제는 '12%-40%'로 뒤바뀐 거죠. 만약 이렇게 하지 않으면 결국 국민연금은 파산을 하게 된다고 합니다. 그러니 정부도 이러한 사태를 막기 위해서 2028년까지 소득대체율을

40%로 낮추기로 한 거 아닙니까.

근데 말이죠, 이 소득대체율 40%조차도 실제로는 명목상에 불과합니다. 소득대체율이 40%가 나오려면 말이죠, 40년 동안 국민연금을 내야 해요. 국민연금 자체가 40년 납입을 기준으로 설계된 보험이거든요. 지금 대한민국에 40년 동안 일해서 국민연금 낼 수 있는 사람이 몇이나 되겠습니까? 취직은 자꾸 늦어지고 퇴직은 점점 빨라지는 이 시점에서, 20년간 일하는 것도 쉽지 않은 일이죠. 그럼 실질적인 소득대체율은 더욱 떨어져서 20%대에서 머문다는 말입니다. 하지만 정부에서는 소득대체율 40%를 말할 때 가장 중요한 납입 기간은 쏙 빼고 홍보하지 않습니까?

자, 이 상황에서 보면 말이죠, 극단적으로는 '이거 사기 아니냐'라고 볼 수도 있습니다. 그렇지 않습니까? 처음에는 '니가 낸 것보다 돈 더 줄게'해서 시작된 거래인데, 시간이 흐르면서 '야, 돈을 좀 올려야겠어, 그런데 나중에 줄 돈을 좀 줄여야겠다'라고 하면 어떻겠습니까? 이건 100% 사기인 거죠. 물론 정부가 공신력을 가지고 하는 일이고, 최종적인 파산을 막아야 한다는 명분이 있어서 일반적인 사업이나 거래 관계의 사기라고 볼 수는 없겠지만 어쨌든 국민들 입장에서는 참 황당한 일임에는 틀림없지 않겠습니까? 그렇지 않아도 경제가 안 좋아서 살기는 빠듯한데 자꾸만 국민연금 내라고 하니 국민들 입장에서는 '국민연금폐지 운동'에 동참할 법도 합니다.

그런데 문제는 이런 것만이 아닙니다. 나중에 이 국민연금 기금이 한방에 '훅'하고 사라질 가능성도 있거든요. 지금 현재 국민연금 누적금액은 400조 정도가 되는데요, 이게 2044년까지 가면 거의 2,500조가 된다고 해요. 이 정도면 GDP의 반을 넘는 엄청난 금액입니다. 문제는 이 연금기금을 어떻게 운용하느냐, 이 투명성이 굉장히 중요해진다는 것입니다. 국민연금기금은 말이죠, 시간이 흐를수록 '금융권의 슈퍼갑'이 될 게 뻔합니다. 2,500조라는 이 엄청난 돈의 운용권을 둘러싸고 온갖 금융기관들이 사활을 걸 거라는 이야기죠. 이렇게 해서 누군가에게 운용권이 넘어 간다고 칩시다. 그리고 그 누군가가 주식투자를 해서 돈을 불린다고 합시다. 그런데 주식 투자에서 50% 손실은 금세 입을 수도 있는 겁니다. 예를 들어 100조를 주식에 투자했는데, 50조 날아갔다고 해보세요. 50조 날아간 걸 가지고 '그러려니'하고 있을 수는 없겠죠. 그러면 이 날아간 50조는 어떻게 해야 되냐? 다시 국민들에게 걷어야 돼요. 한 10년은 걷어야 겨우 채울 수 있는 돈일 겁니다. 그러니 잘못된 연금기금 운용은 엄청난 파장을 불러올 수 있습니다. 결국 적립금이 쌓여도 문제, 안 쌓여도 문제인 상황이라고 할 수 있습니다.

거기다가 말이죠. 나중에 이 기금을 운영하는데 또 별도의 세금이라는 게 들어갑니다. 아마 국민들께서는 잘 모르겠지만 말이죠, 지금은 국민연금 운용에 세금이 안 들어갑니다. 지금은 그냥 적립하고 있는 단계니까 말이죠. 그런데 국민연금보다 훨씬 오래된 군인연금은 1년에 2조, 공무원연금도 1년에 1조의 돈이 들어갑니다. 나중에 국민연금에는 이보다 훨씬 더 큰 세금이 매년 들어가야 한다는 이야기입니다.

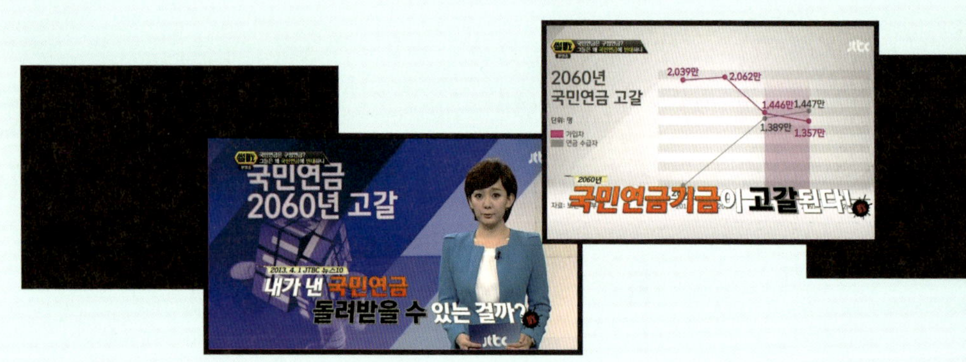

이건 최근의 한 통계를 통해서도 아주 정확하게 드러난 바가 있죠. 기획재정부가 최근 국회에 제출한 '2013~2017년 국가재정운용계획'에 따르면 4대 공적연금 의무지출액이 올해부터 2017년까지 5년간 연평균 12% 증가할 것으로 보인다고 합니다. 이렇게 의무지출액이 계속 늘어나게 되면 당연히 예산이 압박을 받게 되고 정작 써야 할 곳에는 돈을 쓰지 못하는 상황까지 발생할 수 있는 겁니다.

그럼 방법은 없을까요? 현재까지 전 세계에서 국민연금 제도가 있는 국가는 170개나 됩니다. 이 모든 국가 중에서 가장 이상적이라고 평가되는 연금제도가 바로 싱가폴의 리콴유 수상이 실행한 방법이죠. 리콴유 수상은 사실 거의 독재에 가까운 정치를 했지만 이 문제에 대해서만큼은 아주 확실한 해법을 제시했다고 평가받습니다. 영국 유학을 하던 시절부터 이 문제를 파고들었다고 하는 이야기까지 있을 정돕니다. 그러면 리콴유의 방법은 뭐냐, 한마디로 개인 계좌를 만드는 것입니다. 예를 들어 '김구라 국민연금 계좌', '이철희 국민연금 계좌' 이렇게 만드는 거죠. 그래서 자기 계좌에 자기가 부어서 자기가 타먹는 형태라는 거죠. 어떻게 보면 공권력이 계주가 되는, 뭐 그런 방법이라고도 볼 수 있겠습니다. 물론 이 방법도 문제가 없는 건 아닙니다. 국가가 지나치게 높은 연금액을 강요한다는 것, 그러다 보니 저소득층에게는 큰 부담이 된다는 것 등이 문제가 되고 있습니다.

하여간 결론은 우리나라의 연금 문제를 정말 제대로 손을 볼 필요가 있

다는 것입니다. 물론 그렇다고 해서 '국민연금폐지'라는 극단적인 방법까지
갈 필요는 없을 수도 있습니다. 그래도 이건 나이든 노인들, 그리고 또 노인
이 될 우리들을 위한 최소한의 사회안전망이 될 수 있으니까 말이죠. 다만
이런 중차대한 문제를 몇몇 정부 인사들이 결정하지 말고 제발 좀 국민들한
테 설명하고 이해를 구했으면 합니다. 우리에게 정말로 필요한 것은 나중에
받는 국민연금이 아니라 이 국민연금을 함께 만들어가는 정부와 국민들의
협의와 소통이 아닐까 합니다.

1 사실 국민연금의 문제가 뭐냐, 국민연금이 시작된 게 군사정권 때거든요. 그래서 국민들이 안 믿었어요. 국민연금을 안 믿다 보니까, 뭐라고 했냐면 낸 것보다 많이 주겠다, 이렇게 설득을 했거든요. 그때는 70% 준다고 했습니다. 소득대체율이라고 하는데 지금은 이걸 궁극적으로 40%까지 낮추겠다고 하는 거죠. 그렇지 않으면 재정에 구멍이 나니까. 국민연금 폐지하자는 분들은 심지어 이거 사기 아니냐, 이렇게 말씀하세요. 돈 많이 주겠다고 해서 잔뜩 끌어놓고 나중에 가서 깎으면 그게 사기지, 재정 어려우니까 40%로 낮추겠다고 하고 돈 더 내라고 하고. 처음에 시작할 때는 4.5%였어요. 그런데 지금은 9%로 올랐고, 많은 학자들은 이걸 12%까지 올려야 한다고 말하거든요. 내는 건 늘어나고 받는 건 줄어드니, 이러면 내는 사람 입장에서는 사기 같죠.

2 그럼 국회에서 문제 제기를 해야지!

3 아니, 지금은 강변이 하고
싶어도 할 수가 없잖아요?

4 그럼 그때 했었어야지,
그땐 뭐하고 지금 와서
불안하다고….

5 그땐 잘 몰랐죠!!

6 신중해야지, 불안감을
부추기고 말이야….

7 보건복지위였으면 했는데
지식경제위여가지고….
이걸 잘 몰랐지~

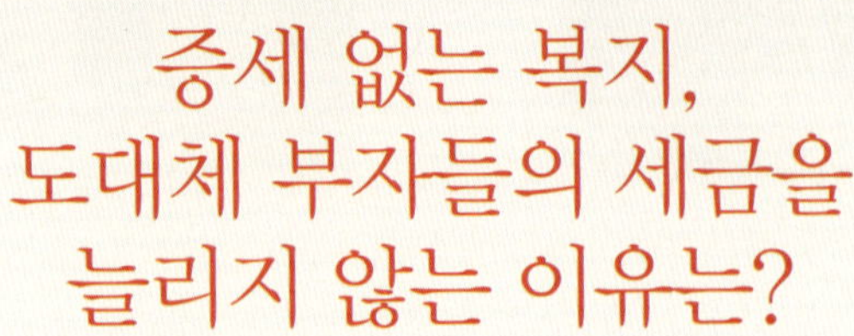

지금 우리 정부의 가장 큰 고민 중 하나는 바로 세금입니다. 한 국가의 국민으로 살면서 세금을 내는 건 당연하다고 볼 수 있겠죠. 그런데 이게 참 말도 많고 탈도 많습니다. 박근혜 대통령이 '증세 없는 복지'를 대선공약으로 내세웠지만 노령연금문제에서부터 일단 후퇴하는 양상을 보였고요, 이런 부분에 대한 국민적 관심이 무척이나 큰 것이 사실입니다. 거기다가 8월에 발표된 세법개정안은 엄청난 저항에 부딪히면서 발표 하루 만에 수정되는 일도 있었습니다. 뿐만 아니라 복지에 필요한 돈만 135조 원이라는데 도대체 이걸 어디에서 충당하느냐가 문제죠. 세법개정안이 나온 것도 바로 그런 이유입니다. 사실 일반 국민들은 '세금'이라고 하

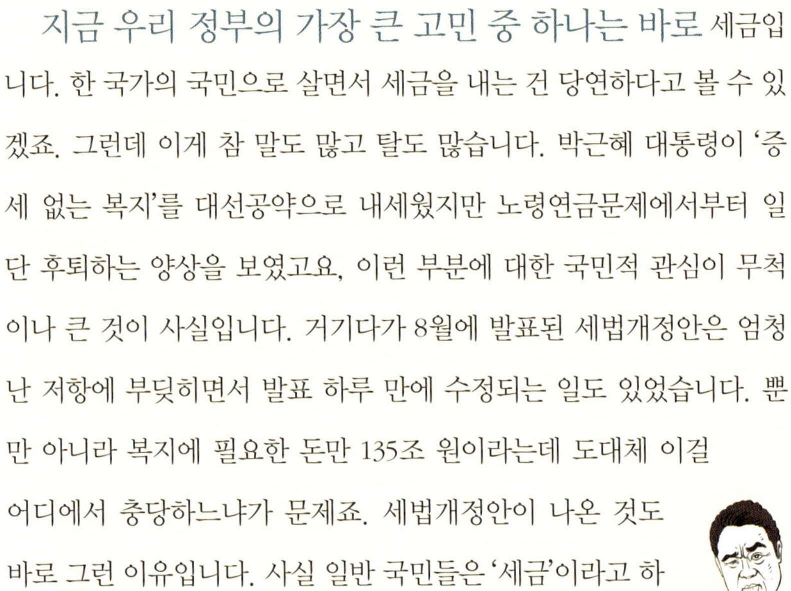

면 좀 복잡하다고 생각하고, 정부의 발표가 워낙 어려운 말로 되어 있어서 도대체 이해도 쉽지 않은 것이 현실이기도 합니다.

자, 이번에는 말이죠, 이 세금문제에 대해서 좀 쉽고 자세하게 살펴보려고 합니다. 아마도 이 부분에 대해서 좀 알고 나면 모든 문제는 딱 하나의 질문으로 귀결될 것입니다.

'그러면 부자들에게 좀 더 세금을 많이 받으면 되는 거 아니야?'

그런데 현 정부는 이상하리만치 이 부분에 대해서는 아무런 답을 내놓지 않습니다. 도대체 왜 그러는 걸까요? 답은 너무도 간단한데 왜 자꾸만 돌아서 가려는 것일까요?

고통 없이
거위 털 뽑기?

　　모든 문제는 바로 '증세 없는 복지'라는 말 한마디에서 시작됐습니다. 즉, 세금을 더 이상 많이 걷지는 않으면서도 복지는 늘리겠다는 말입니다. 이 말은 아주 쉽습니다. 그러니까 한 집안의 가장이 이렇게 이야기하는 겁니다.

　　"내가 돈을 더 벌지는 못하지만, 가족들에게 지금보다 더 좋은 음식도 사주고, 선물도 사줄게. 좋지?"

　　이게 가능한 말일까요? 사실 나라경제가 가정경제나 돌아가는 원리는 똑같습니다. 한 달에 300만원 벌어서 310만원 쓰면 10만원이 적자고, 300만원 벌어서 290만원 쓰면 최소 10만원은 저축할 수 있습니다. 만약 저축이 안 되더라도 좋은 음식과 선물은 살 수 있겠죠. 그런데 300만원 버는 가장이 '우리 한 달에 500만원 쓰자'고 하면 이걸 누가 믿겠습니까? 도저히 불가능한 이야기죠. '증세 없는 복지'가 비판을 받는 이유가 바로 이겁니다. 들어올 돈이 없는데 쓸 돈은 많다? 결과는

'파산'이 아니겠습니까.

　현오석 경제부총리와 조원동 경제수석이 7개월 동안 심혈을 기울였다는 세법개정안이 발표되자마자 많은 국민들이 분노했습니다. 그 기준이 연봉 3,450만원으로 정해졌기 때문입니다. 그냥 단순하게 생각해서 한 달에 287만 원 이상의 돈을 버는 사람들은 더 많은 세금을 내야 한다는 거죠. 하지만 한 가정이 한 달에 이 정도의 돈으로만 살아가는 것도 사실은 굉장히 빠듯한 수준입니다. 그런데 여기에서 세금을 더 내라고 하니 국민들 입장에서는 '돈을 뜯긴다'는 생각이 들 수밖에 없었던 거죠. 그래서 연봉 5,500만 원 이상으로 수정이 되었던 것입니다. 그런데 한 가지 알아두셔야 할 것은 이것이 '증세'는 아니라는 점입니다. 이번 세법안의 핵심은 바로 '공제축소'라는 거죠. 그러니까 '세금을 더 내라'가 아니라 '비용으로 공제받을 수 있는 내용을 줄이겠다'는 겁니다. 어떻게 보면 증세는 아니지만 실질적으로는 증세로 느껴지는 부분이기도 합니다.

세법개정안에 대해 조원동 경제수석은 이런 말을 했습니다.

"아무래도 봉급생활자들은 다른 분들보다 여건이 낫지 않냐. 마치 거위에서 고통 없이 털을 뽑는 방식으로 해보려고 한 게 이번 세법개정안의 정신이다."

이 거위 털 이야기는 애초에 프랑스 루이 14세 시절의 재무상이었던 콜베르라는 사람이 처음으로 언급했습니다. '세금을 걷는 기술은 최소의 저항으로 최대의 거위 털을 뽑는 데 있다'는 말을 통해서 돈을 버는 사람들에게 아주 조금씩만 더 받아내겠다는 취지였죠. 그런데 조원동 수석은 이런 경제용어는 알았지만, '국민의 용어'는 몰랐나 봅니다. 우리나라 직장인들, 이제 더 뽑힐 털이나 있습니까. 그런데 거기서 또 뽑으려고 하다 보니 '고통 없이' 뽑는 게 아니라 털 하나를 뽑을 때마다 '악' 소리가 나는 것이죠.

그렇다면 정말 '증세 없는 복지'를 위해서는 이렇게 서민들의 얼마 남지도 않은 거위 털을 뽑는 것이 정답일까요? 아주 상식적으로 생각해도 말이죠, 정말 거위 털을 아프지 않게 뽑으려면 서민들이 아닌 부자들에게 털을 뽑아야 하지 않겠냐는 말입니다. 또 기업을 하는 사람들은 아무래도 직장인보다 더 많은 돈을 버니까 이런 사람들에게서 세금을 조금 더 걷으면 충분히 복지를 할 수 있지 않을까요?

그렇다면 일단 우리의 현실을 한번 살펴봅시다. MB정부 때 많은 비판을 받았던 것이 바로 '부자감세'입니다. 우리의 상식과는 다르게 부자들에게 오히려 세금을 덜 걷었다는 것이죠. 거기다가 기업들에게서 받는 법인세도 기존의 25%에서 22%로 낮췄습니다. 그것도 처음에는 20%로 낮추겠다고 했는데, 야당이 반대해서 22%가 됐습니다.

이번에 직장인들의 공제를 축소하는 세법개정안을 통해서 정부가 예측한 세수 증가 효과는 약 2조 5천억이 된다고 합니다. 그런데 법인세만 원상 회복 시켜도 세수는 훨씬 많은 3조가 늘어나게 됩니다. 야당이 '법인세율부터 회복하자'고 주장하는 이유도 바로 여기에 있습니다. 하지만 재계와 여당은 한결같이 '법인세를 건드리면 경제가 죽는다. 경제부터 살려야 한다'는

OECD

238

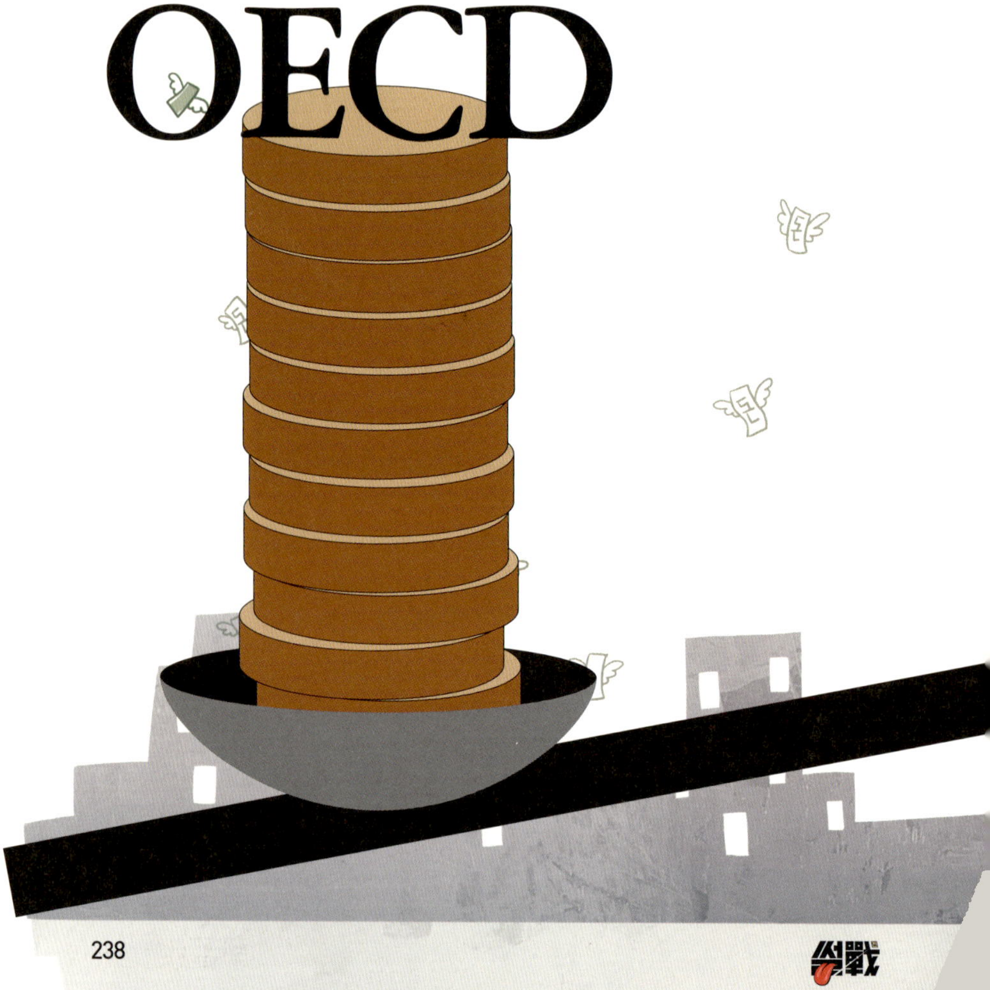

이야기를 하고 있습니다. 그렇다면 정말 우리나라는 법인세를 무지하게 많이 걷고 있는 것일까요?

2011년 세계은행 발표에 따르면 우리나라의 '법인세+사회보장 기여금'은 이윤대비 29.8% 정도에 해당합니다. 하지만 OECD 국가의 기업들은 이윤대비 42.5%에 이릅니다. 결국 여기에 비하면 우리나라 기업들의 총 조세 비용은 오히려 낮은 편이라고 할 수 있죠. 그러면 다른 OECD 국가들은 모두 경제를 죽이고 싶어서 이렇게 많은 법인세를 내는 것은 아니겠죠?

이 외에도 SOC(사회간접자본)에 들어가는 돈만 줄여도 많은 예산을 확보

부자감세

할 수 있습니다. 현재 전문가들조차도 '이게 효과가 있는가?'라는 의문을 가지고 있는 사업이 있습니다. 그게 바로 ▲한려대교 ▲영덕–삼척 고속도로 ▲춘천–속초 고속화철도 등입니다. 여기에 들어가는 나라의 돈만 무려 15조 원에서 20조 원에 해당합니다.

여러분들은 어떻게 생각하십니까? 상식적인 해답은 딱 하나입니다.

'못살고 힘든 서민들에게서 세금을 걷지 말고 부자들에게 더 많은 세금을 걷어라.'

과연 이게 그렇게 어려운 일일까요? '증세 없는 복지'라는 이 공허한 구호를 정말로 현실적인 것으로 만들기 위해서는 부자들에게, 그리고 기업인들에게 조금씩만 더 세금을 걷으면 그만입니다. 어차피 세금을 걷을 수 있는 대상은 한정 되어 있습니다. 우리나라 정부가 미국인들에게 세금을 걷을 수는 없으니까 말이죠. 그러면 돈이 많은 사람과 돈이 적은 사람. 과연 누구에게 세금을 걷는 것이 현실적으로 상식일까요. 이것은 본질적으로 지금의 정부가 과연 '누구를 위한 정부인가'를 되돌아보게 하는 질문입니다. 돈이 적은 사람을 돌보겠다는 생각을 가진 정부라면 세금이 부족할 때 당연히 돈이 많은 사람들에게 세금을 더 내라고 말할 것입니다. 하지만 그 반대라면 너무도 자연스럽게 돈이 많은 사람들을 보호하기 위해 돈이 적은 사람에게 더 많은 세금을 내라고 할 것입니다. 지금의 정부는 어느 쪽이라고 생각하십니까?

세법개정안에 대해서
한마디 한다면?

"결국은 조삼모사에요. 돈 쓸 데를 줄이든지, 아니면 걷기를 많이 걷든지 해야 하는데, 지금의 세법개정안 논란은 미봉책일 뿐이라는 거죠."

"문제의 근원은 대통령의 입장이거든요. 증세 없는 복지는 대통령이 제시한 원칙이기 때문에, 이 부분을 풀지 않고서는 해결이 안 될 겁니다. 대통령이 조금 더 제3자적인 관점을 버리고 내가 국민들을 직접 설득하겠다는 자세로 나오지 않으면 계속 이 문제는 꼬일 거라는 생각이 듭니다."

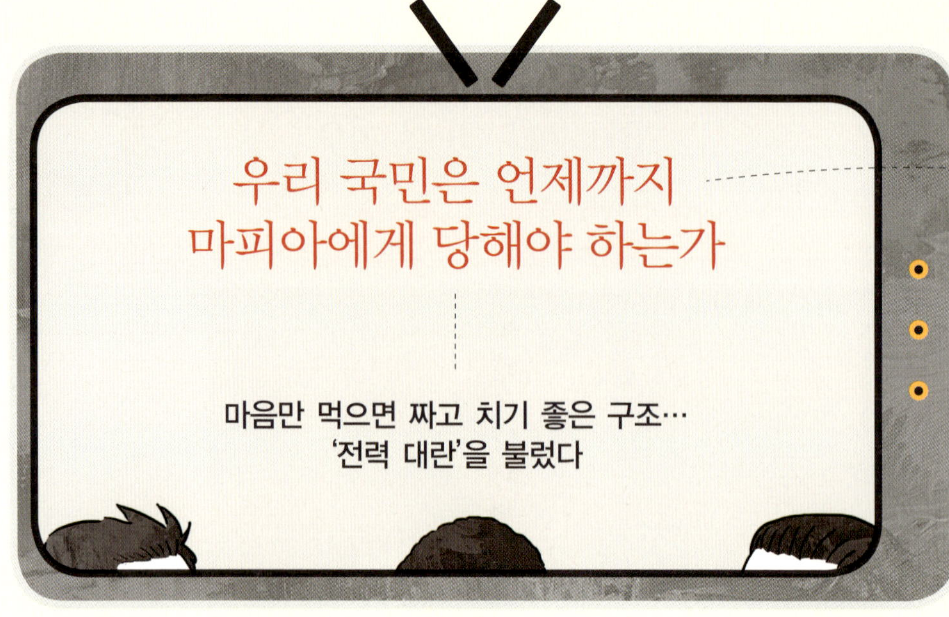

우리가 살아가는 데 꼭 필요한 게 세 가지가 있습니다. 우선 물과 공기, 너무도 필요한 거죠. 거기다가 또 절대로 빼놓을 수 없는 게 전기입니다. 이는 사람의 생존뿐만 아니라 국가를 지탱하는 필수요소이기도 하죠. 전기가 끊기면 산업이 멈추고, 방송, 인터넷, 금융…, 이건 뭐 따로 말할 필요가 없이 심각한 상황에 처하게 됩니다.

그런데 말입니다, 세계 15위의 경제대국인 우리나라에서 참 황당한 전력 대란이 발생했습니다. 그때는 병원, 은행, 군부대 등 주요시설까지 전기가 나갔습니다. 블랙아웃, 대 정전 사태가 있어난 거죠. 그런데 한번 블랙아웃을 겪고 나더니, 이제는 걸핏하면 '블랙아웃 가능성을 배제할 수 없다'는 뉴스가 흘러나오고

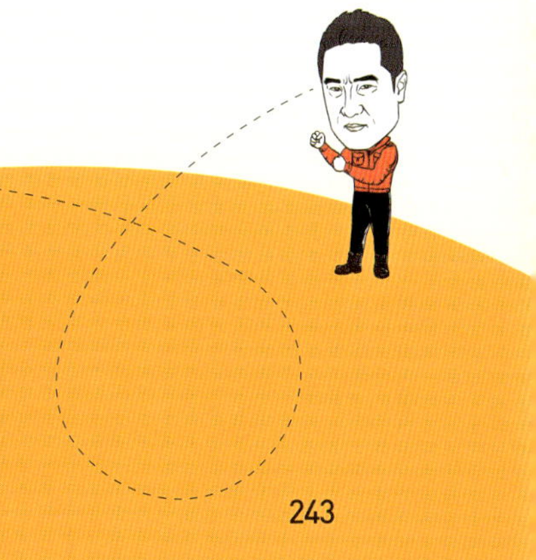

있습니다. 그만큼 지금 전력난은 우리나라의 상시적인 위험으로 커져 버렸습니다. 도대체 뭐가 어떻게 돌아가기에 이런 전력 대란이 생기는 것일까요?

첫 번째로는 '빗나간 전력 수요 예측'을 들 수 있습니다. 사실 우리나라는 전 세계에서 원자력 발전소를 가장 '효율적으로' 돌리는 나라입니다. 근데 여기서 '효율적이다'라는 말이 결코 좋은 말은 아니에요. 우리나라에는 총 23개의 원전이 있는데, 이게 가동률이 90%라는 겁니다. 그러니까 한마디로 원전을 '뱅

'뺑이' 돌리고 있다는 말이죠. 또 이러한 가동률에 맞춰서 전력 수요의 최대 사용량을 맞춰 놓으니까 한 군데서만 구멍이 나도 곧바로 전력 공급에 차질이 생긴다는 이야기죠.

두 번째로 중요한 것은 이른바 '원전 마피아'라는 불리는 사람들에 의해서 자꾸만 비리가 일어난다는 겁니다. 원자력 사업은 말이죠, 군수사업이랑 좀 비슷한 면이 있습니다. 관련된 모든 사항이 다 '기밀'로 분류가 되어 있다는 이야기죠. 그러니까

이게 적절한 비용이 얼만지, 매입 가격이 얼만지, 이걸 판단할 수 있는 자료조차 없습니다. 이걸 판단하는 사람들은 원자력을 전공한 학계의 교수들인데, 사실 몇 명만 잘 구슬려놓으면 심사 보고서 같은 건 얼마든지 조작이 가능합니다. 마음만 먹으면 짜고 치기 딱 좋은 구조라는 거죠. 실제 이번에 원전 비리가 터진 것도 바로 이 부분이에요. 원자로를 제어하는 '제어 케이블'이라는 게 있는데, 외국에서 불량으로 판정이 난 제품을 가지고 국내 연구원에서 이걸 '적합'이라고 직접 조작을 했던 거죠. 이렇게 되니까 현재 23기의 원전 중에서 이 불량품이 들어간 10기가 멈춰 섰다는 거 아닙니까? 가동률을 90%로 해놓고 전력 수요를 예측한 상태에서 10기가 멈춰버리니 곧바로 전력 공급에 빨간불이 들어온 겁니다.

이렇게 조작하는 것이 사실 다 그 뒤에 있는 '원전 마피아'들 때문인데요, 과연 이들은 누굴까요? 일단 '마피아'라는 말이 붙은 이유가 있습니다. 특별하게 폐쇄적인 구조 속에서 자신들끼리 공생관계를 맺고 있기 때문이죠. 여기의 구성원들은 원전을 추진하는 정부 관료들, 원자력 산업의 부품을 생산하고 공급하는 사업자, 그리고 '원전은 안전하다'는 믿음을 심어주고 제품의 가격과 안정성을 판단하는 학계의 교수들이죠.

이러한 원전 마피아는 바로 우리의 공공기관인 '한수원'을 통해 형성되어 있습니다. 한수원은 '한국수력원자력(주)'의 줄임말인데, 2001년 한전에서 분할된 수력 및 원자력 발전업체입니다. 특성상 감사가 제대로 이루어지기 힘든 조직이죠. 원자력 관련 분야가 워낙 전문적이다 보니 한수원에서 자신들을 감사하러 나온 사람들한테 '야, 니들이 뭘 아냐?' 이런 식으로 나오면, 상대방은 '그런가 보다'라고 밖에 이야기할 수밖에 없다는 겁니다. 그러니까 결국에는 지들끼리만 똘똘 뭉치면 얼마든지 비리를 저지를 수 있게 되고, 불량품까지 합격품으로 조작가능하다는 거죠. 심지어 이런 문제가 얼마나 심각했으며 국무총리까지 나서서 '폐쇄적 운영 구조와 뿌리 깊은 순혈주의, 견제와 균형이 없는 고질적인 문제를 확실히 바로잡아 나가겠습니다'라고 말할까요.

　사실 이런 비리는 내부 고발만 제대로 이뤄져도 사전에 충분히 바로잡을 수 있는 문제인데요, 참 웃긴 건 익명으로 고발을 할 수 있는 통로가 없다는 겁니다. 원자력안전위원회 홈페이지 신고란에 보면 비리를 고발할 수 있는 항목이 있기는 한데, 꼭 실명을 인증해야 고발이 가능하게 되어 있어요. 이건 뭐 '야, 고발하려면 해봐라' 이런 거 아닙니까. 그러니 어떤 미친놈이 자기 목숨을 내놓고 꼬박꼬박 실명인증까지 하면서 내부 고발을 하겠냐는 말입니다.

　그런데 더 큰 문제는 전력 대란이 닥쳐와도 정부로서는 뾰족하게 대응할 방법이 전혀 없다는 겁니다. 그냥 '전기를 아껴 써라'라는 미봉

책 밖에 할 수가 없어요. 가장 만만한 게 군대, 공무원, 학생들 아니겠습니까? 그래서 지난 여름에 공무원들이 엄청나게 고생을 하기도 했죠.

그런데 우리가 여기서 한 번 살펴봐야 할 건 말이죠, 가정에서의 전기세와 산업에서의 전기세가 다르다는 사실입니다. 사실 가정의 전기세는 일명 '누진세'를 적용하고 있습니다. 많이 쓰면 많이 쓰는 만큼 점점 축적이 되어 가격이 비싸진다는 이야기죠. 최저와 최고의 차이가 무려 10배나 날 정도입니다. 근데 반면에 산업용 전기는 말이죠, 그 사용료가 전기 생산료에도 미치지 않아요. 예를 들어 일정량의 전기를 생산하는데 드는 비용이 100원이라면, 전기세로 80원이 나오는 식이에요. 그러면 나머지는 어디서 충당할까요? 맞습니다. 바로 엄청난 누진세로 비싼 전기요금을 내는 가정에서 충당한다는 겁니다. '전기세'라는 명목으로 국민들이 세금을 많이 내고, 그 돈으로 산업용 전기의 빚을 갚아주고 있는 거죠. 물론 산업용 전기가 싸기 때문에 우리나라의 산업 경쟁력이 있다는 말도 있습니다. 하지만 서민들이 대부분인 가정용 전기값으로 이를 대체한다는 것은 한편으로는 상당한 모순이 있어 보입니다.

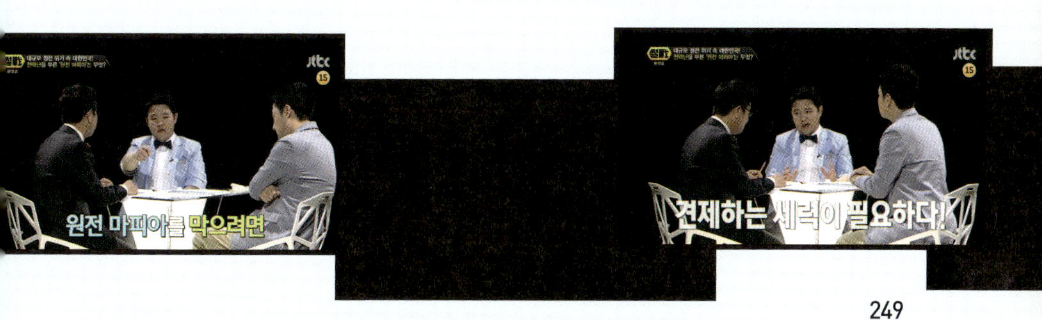

그러면 이런 잘못된 전기료와 전력대란에 대한 대안은 뭐가 있을까요? 원전마피아를 몰아내는 것은 물론이고 사실은 우리나라 전력 체계를 전부 다시 짜는 것이 정답이라고 볼 수 있습니다. 또 원전에 대한 재검토도 반드시 필요한 부분이 아닐까 합니다. 우리는 그냥 '원전이 좋은가 보다'하고 이렇게 생각하고 있지만, 다른 나라들을 보면 꼭 그런 건 아닙니다. 독일의 경우에는 2022년까지 기존에 있던 17기 원전을 모두 폐기할 예정이라고 합니다. 당연히 신규건설은 완전히 중단하는 거구요, 이태리의 경우는 원전이라는 것이 아예 없고 화력발전으로만 전력을 생산하고 있습니다. 스웨덴의 경우에도 1979년 미국 TMI 원전사고 후 아예 국민투표를 붙여서 점진적 폐쇄를 결정했습니다. 물론 그렇다고 모든 나라들이 원전에 반대인 것은 아닙니다. 프랑스의 경우에는 전체 전력생산량의 70%가 원전이기도 합니다. 결국 우리도 원전으로 계속해서 발전해나갈 것이냐, 아니면 대체 에너지를 활용해 자원을 보존하고 좀 더 안전한 전력을 생산해낼 것이냐를 결정해야 한다는 이야기죠. 물론 어떤 방식으로 결정이 나든 간에, 지금의 전력 생산구조를 바꿔서 앞으로는 '전력 대란' 같은 불안한 이야기들이 오가지 않아야 하겠습니다.

전력 대란의 해법에 대해 한마디 한다면?

Sseoljeon News

"가정에서 전기 아껴라? 이건 해법이 아니에요. 지금 가정용 전기는 세금 내는 거거든요. 가정에서 산업 전기세를 뒷받침해주는 겁니다. 결국은 투명하게 공개하고 운용하는 게 중요하죠. 국민들한테 이렇게 일방적으로 전기 아끼라고 하는 게 절대선인 양 얘기하는데 그건 절대 맞지 않아요! 더운데 에어컨 틀어야죠! 공부하는 애한테 30도에서 공부하라고 하는데, 그게 공부가 됩니까?"

"대통령이 나서야죠. 단순히 전기를 덜 쓰고 더 쓰는 문제가 아니라, 우리 사회의 근본적인 비리 문제니까요. 정부 차원에서 원전 마피아를 없애야죠."

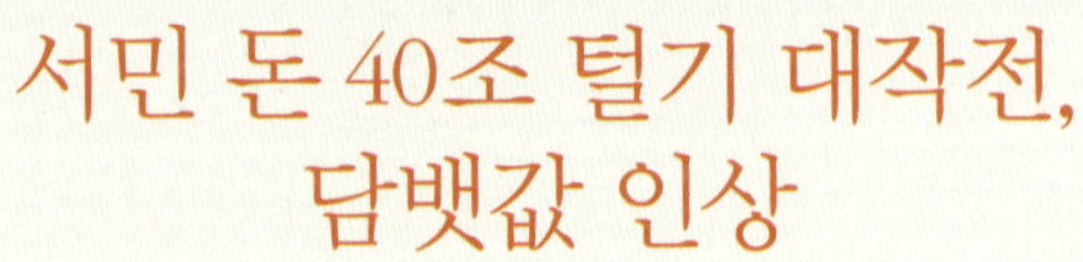

서민 돈 40조 털기 대작전, 담뱃값 인상

'증세 없는 복지'의 구원병으로 나선
범정부 차원의 꼼수

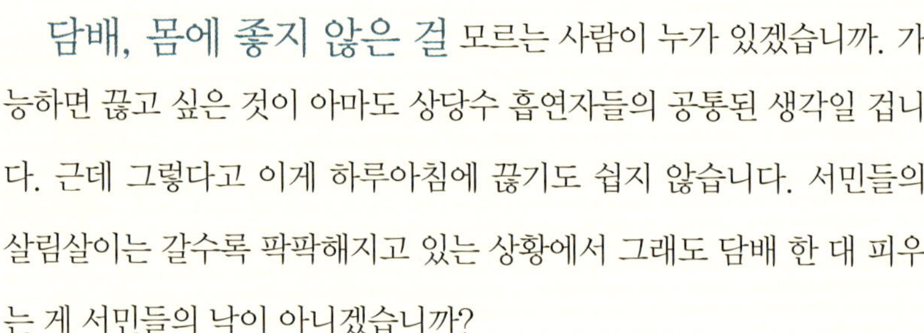

담배, 몸에 좋지 않은 걸 모르는 사람이 누가 있겠습니까. 가능하면 끊고 싶은 것이 아마도 상당수 흡연자들의 공통된 생각일 겁니다. 근데 그렇다고 이게 하루아침에 끊기도 쉽지 않습니다. 서민들의 살림살이는 갈수록 팍팍해지고 있는 상황에서 그래도 담배 한 대 피우는 게 서민들의 낙이 아니겠습니까?

그런데 지난 3월, 새누리당 김재원 의원이 담뱃값을 2,500원에서 4,500원으로 올리자는 법안을 발의했습니다. 그 후 김 의원은 '평생 먹을 욕을 다 먹었다'는 말로 이후의 상황을 설명하기도 했습니다. 그런데 문제는 담뱃값을 올리느냐 마냐가 아닙니다. 더 중요한 것은 바로 이러한 시도에서 현재 박근혜 정부의 '서

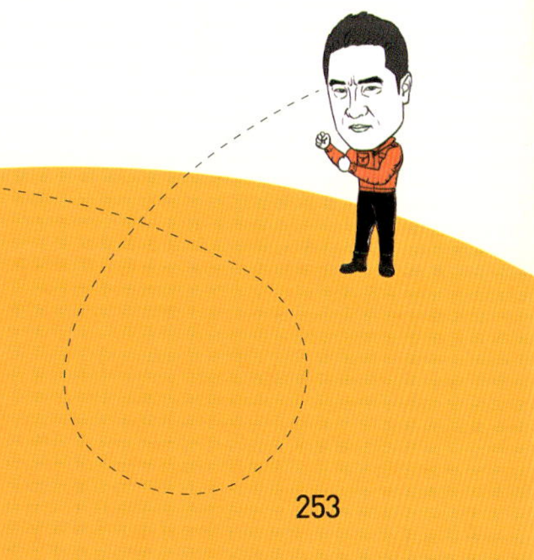

민 돈 털기 대작전'이 시작되었다는 것을 감지할 수 있다는 것입니다. 지금 당장 담뱃값은 오르지 않을 수도 있습니다. 하지만 문제는 언제든 이러한 작전이 다시 시작될 수 있다는 이야기죠. 도대체 담뱃값을 둘러싼 그간의 정황과 속내, 그리고 정부의 의도는 어떤 것일까요?

막말로 좁아진 입지,
담배로 풀어라?

우선 말이죠, 이 담뱃값 인상 같은 문제는 참 대단한 용기가 아니면 법안을 발의하기가 무척 쉽지 않습니다. 일단 발의를 했다는 보도가 나가기 시작하면 욕먹는 건 시간문제기 때문이죠. 그럼에도 불구하고 새누리당 김재원 의원은 용기백배해서 이 법안을 발의했습니다. 정말 그는 순수하게 담뱃값을 올려 서민들의 흡연율을 낮추고 국민들의 건강이 증진되기를 원했을까요?

그간의 정치적 상황을 살펴보

면 왜 김재원 의원이 이러한 법안을 발의할 수밖에 없었는지에 대한 이유를 알 수 있습니다. 김재원 의원, 그는 지난 2012년 9월에 새누리당 대변인에 발탁이 됐습니다. 한 정당의 '입'이 되었으니 그 역할은 막중하다고 봐야죠. 근데 말이죠, 단 하루 만에 대변인 직에서 자진 사퇴하는 일이 생겼습니다. 내정 당일 날 15명의 기자들과 술을 먹으면서 막말을 했기 때문입니다. 그 말도 참 웃깁니다. 김 의원은 술자리에서 '박근혜 후보가 정치하는 목적이 아버지 명예회복이 아니냐?'는 말을 했고 이에 기자들은 이러한 내용을 회사에 보고했죠. 그때부터 기자들의 확인 전화가 빗발치면서 난리가 나기 시작했습니다. 여기에 당황한 김 의원은 그때부터 막말을 했습니다. 그는 '이 병X 같은 새X들아, 너희가 기자 맞냐, 너희가 대학 나온 새X들 맞냐', '너희가 보고하는 것은 우리에게 다 들어온다'고 말했던 거죠. 결국 스스로도 '이성을 잃었다'고 평가한 이 사건으로 대변인 직에서 사퇴한 김 의원은 그때 이후로 새누리당에서 자신의 입지와 역할을 되찾기 위해 무진장 기회를 노렸습니다.

근데, 이때 딱 눈에 들어온 게 바로 '담뱃값 인상'이었던 거죠. 사실 담뱃값 인상 문제는 그저 김재원 의원 혼자만의 생각으로 보기가 힘듭니다. 범정부적으로 계획된 것이 분명한 법안이라는 이야기죠. 그런데 문제는 총대를 멜 사람이 없다는 거예요. 욕먹을 일이 뻔한데, 누가 쉽게 '저요, 제가 할게요'하고 손들겠습니까. 결국 이렇게 김 의원의 개인

적인 사정과 맞물려서 본격적인 담뱃값 인상 법안이 발의
된 것이라고 볼 수 있겠습니다.

　그런데 문제는 말이죠, 흡연율 저하도 좋고 국민건강
도 좋지만 그게 다 껍데기 같은 명분에 불과하다는 이야
기입니다. 결과적으로는 '복지 없는 증세'를 외쳤던 박근
혜 정부가 서민들로부터 돈을 걷어내기 위
해 이것저것 시도하고 있다는 거예요. 현
재 박 대통령이 선거 때에 약속했던 복지
를 모두 시행하려면 135조 원이 필요합니
다. 그런데 만약 담뱃값만 제대로 인상
돼도 무려 40조 원이 더 걷힌다는 거
아닙니까. 거의 3분의 1에 육박하는
정도니까 군침이 도는 비용이 아닐 수
없었을 겁니다. 거기다가 설사 담뱃값이 인
상된다고 하더라도 비흡연자들은 아무런 반발을 하
지 않으니 '절호의 기회'인 것이죠. 결국 이것은 '서민 돈
털기'에 불과합니다. 이건 말이죠, 아주 통계적으로 증
명이 되고 있습니다.

도대체 누가 담배를 피우고 있는가?

　2005년 보건사회연구원 연구결과에 따르면 말이죠, 소득 수준이 낮은 사람들이 흡연율이 더 높다고 합니다. 이건 상식적으로도 이해가 가는 말입니다. 힘들게 생활하는 만큼 고민도 많기 때문에 자연스럽게 담배에 손이 갈 수가 있기 때문입니다. 그런데 이런 상황에서 담뱃값을 인상하게 되면 결국 서민들에게 그 직격탄이 날아갈 수밖에 없지 않겠습니까? 한 달에 500만원 버는 사람에게 담뱃값 2,000원 인상은 크게 피부로 와 닿지 않을 수도 있습니다. 하지만 한 달에 150~200만원 버는 분들한테는 큰 타격일 겁니다.

　문제는 담뱃값을 올려도 흡연율은 떨어지지 않는다는 사실입니다. 여기에는 두 가지 이유가 있습니다. 우선 첫 번째로는 하버드대학교 경제학 데이비드 커틀러와 에드워드 글레이저 교수의 연구 결과, 담뱃값과 흡연율은 아무런 상관이 없다고 합니다. 또 교수들은 흡연율 저하는 담뱃값 인상이 아니라 효과적인 금연교육과 캠페인에서 얻어진다고 주장하기도 했습니다. 결국 '흡연율 저하', '국민건강 증진'이라는 것은 '껍데기 명분'이라고 할 수밖에 없을 것 같네요. 두 번째는 국내산 담배는 올릴 수 있어도 외국산 담배 값은 올릴 수가 없다는 이야기죠. 여기에 FTA조항 때문에 관세가 점점 더 낮아지는 상황이니 사실 담뱃값이 올라도 가격이 싼 외국산 담배를 피우면 그만이죠. 상황이 이런데 담뱃값을 올린다고 흡연율이 과연 줄어들 수 있을까요? 결과적으로 증세 없이 복지를 하려니 돈이 필요하고, 그런데 세금은 더 걷지를 못하니 담뱃값이나 올려 충당해보자, 뭐 이런 생각이죠. 보통 이런 걸 '꼼수'라고 하지 않습니까.

그런데 앞으로 주류세를 올린다는 이야기도 솔솔 나오고 있는 상황입니다. 담뱃값 올리자고 했다가 '평생 먹을 욕 다 먹었다'고 하는데, 여기에 주류세를 올리는 법안을 발의하는 의원은 또 얼마나 엄청난 욕을 먹을까요? 하지만 걱정하지 마십시오. 자신의 실수를 만회해야 하는 누군가가 또 총대를 메지 않겠습니까?

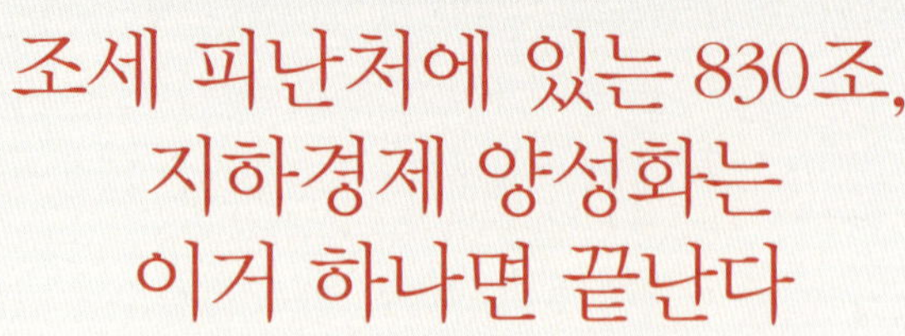

현 정부가 담뱃값이나 국민연금 인상, 세법개정안 등을 통해서 서민들의 주머니를 털려고 열심히 노력하고 있을 때, 정작 부자들의 돈은 '조세 피난처'에서 아주 안전하게 보관되어 있습니다. 이른바 '검은 비자금'이라고 불리는 돈이 바로 그 주인공입니다. 사실 박근혜 대통령은 선거 때부터 '지하경제 양성화'라는 것을 큰 공약의 하나로 내걸었습니다. 이 부분은 아마도 많은 국민들이 기억을 하시리라 보는데요, 정작 국내의 지하경제는 그 규모의 한계가 있어서 어느 정도 이상은 양성화하기 힘든 상황입니다. 이에 비해 해외의 조세 피난처에 있는 검은 돈은 무려 830조 원입니다. 우리나라 한해 예산의 2배에 가까운 엄청난 금액이지요. '증세 없

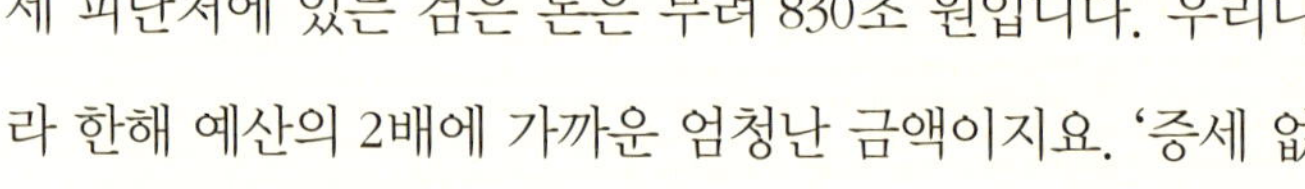

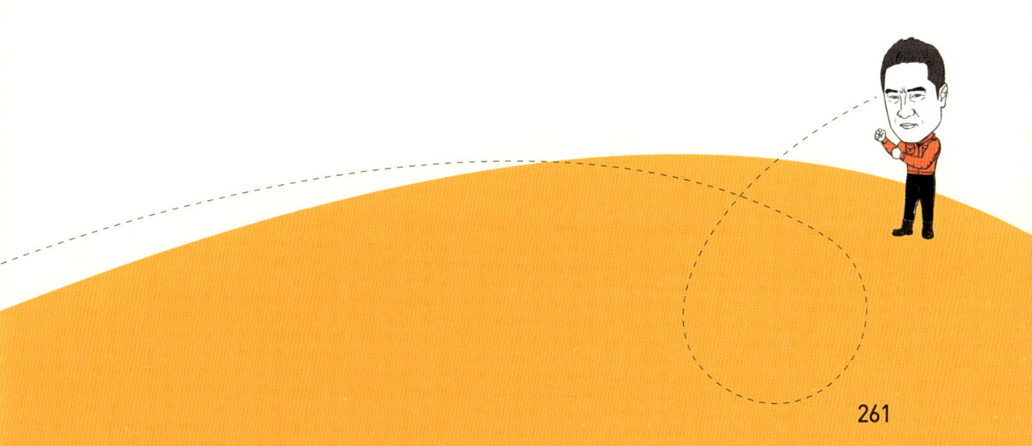

는 복지'를 말할 때 우리나라에 필요한 돈이 135조 원이라고 했습니다.
그렇다면 이렇게 조세 피난처에 있는 검은 돈만 잘 잡아도 충분히 세
수 확보를 할 수 있을 것 같은데 왜 이런 부분은 손을 제대로 안 대는
지 이해가 안 가시죠? 그럼, 지금부터 부자들의 천국, 조세 피난의 모
든 것에 대해서 한번 털어보도록 하겠습니다.

지난 5월 22일 ICIJ(국제탐사보도언론인협회)와 〈뉴스타파〉는 '조세 피난처 한국인 명단'을 발표했습니다. 여기에 따르면 한국인 명단은 총 245명으로 드러났습니다. 1차, 2차 명단 공개를 살펴보면 한 번쯤 이름을 들어본 유명 기업인들도 있습니다. 경총 회장인 이수영 OCI 회장 부부, 조중건 전 대항항공 부회장 부부, 최은영 한진해운 회장, 조용민 전 한진해운 홀딩스 대표이사를 비롯해서 삼성전자 임원, 유명 여배우, 대학교 총장 등이 모두 조세 피난을 했다고 하는군요. 하지만 이 모든 돈이 다 개인의 돈이라고 볼 수는 없습니다. 회사에 개인의 명의만 빌려줬을 가능성도 있기 때문에, 이게 회사의 돈인지, 개인의 돈인지는 아직 밝혀지지 않았습니다. 어찌됐건 이렇게 회사와 개인들이 은닉해놓은 돈이 830조 원이라고 하니 참 입이 떡 벌어지는 숫자가 아닐 수 없습니다.

어찌됐든 계속 이야기해봅시다. 우선 본격적인 이야기를 하기 전에 이 '조세 피난'이라는 용어에 대해서 조금 바로잡아야 할 것 같습니다. 여기에서 '피난'이라고 하니까 무슨 난리가 나서 어쩔 수 없이 다른 곳으로 이동을 해야 하는 것 같은 느낌이 드는데요, 보다 정확한 의미로는 '조세 은닉', '조세 회피', '조세 도피'라고 해야 맞습니다. 이건 말이죠, '우리나라에 있으면 엄청난 세금을 맞으니까 아예 외국으로 도망간 돈'이라고 보면 정확합니다. 왜 우리나라에서도 범죄를 저지르면 감옥에 가야 하니까 외국으로 도망가지 않습니까. 이런 거랑 똑같습니다. 돈이든 사람이든 문제가 있으면 해외로 도망가는 것은 엇비슷한 것이죠.

그럼 도대체 이런 조세 피난은 어떤 방식으로 이뤄지는 것일까요? 조세 피난을 위해서 필수적으로 필요한 것이 바로 '페이퍼 컴퍼니(Paper Company)'라고 하는 것입니다. 글자 그대로 '종이 회사'죠. 이런 회사들은 사무실도 없고 직원도 없고 오로지 계좌만 있는 유령 회사라고 할 수 있습니다. 자, 그럼 어떻게 한국 회사들이 이러한 페이퍼 컴퍼니와 거래를 하는지 자세히 살펴보겠습니다.

그러니까 한국에 있는 A회사는 조세 피난처에 B라는 페이퍼 컴퍼니를 세웁니다. 그리고 멀쩡하게 정상적인 회사인 것처럼 합법적인 거래관계를 하게 되죠. '비용지불'의 명목으로 계속해서 돈을 송금하게 됩니다. 그런데 곁에서 보면 A회사가 계속해서 뭔가 비용지불을 하게 되니까 그 돈에 대해서는 국내에서 세금이 면제됩니다. 하지만 그 돈은 고스란히 조세 피난처, 즉 세금이 아예 없거나 굉장히 낮은 회사에서 안전하게 생존하고 있습니다.

그런데 돈이 가만히 있으면 돈이 아니겠죠. 돈은 돌아야 돈입니다. 그래서 이렇게 조세 피난처에 있던 돈이 다시 한국으로 들어오는 과정이 있습니다. B라는 페이퍼 컴퍼니는 또다시 현지에 C라는 또 하나의 페이퍼 컴퍼니를 세우게 됩니다. 그리고 당연히 여러 가지 거래를 하겠죠. 이렇게 해서 C회사에 들어간 돈은 이제 외국계 투자은행으로 가게 됩니다. 한마디로 '돈세탁'의 과정을 거치게 되는 거죠. 그러면 외국계 투자은행에서 한국 금융계 쪽으로 돈을 흘리게 되고 이 돈은 고스란히 A회사로 다시 들어가게 됩니다. 한마디로 지들끼리 돈을 뺑뺑이 돌리면서 세탁도 하고 건조도 하면서 세금을 털어내고 다시 한국으로 들어온다는 거죠.

그러면 도대체 이런 페이퍼 컴퍼니를 세울 수 있는 조세 피난처는 어떤 나라를 말하는 것일까요? 일반적으로 유명한 곳들이 중남미 아래에 있는 버뮤다 제도, 케이먼 군도, 버진 아일랜드 등이죠. 아시아인들이 가장 많이 이용하는 곳은 말레이시아 라부안이라는 지역인데, 현재 우리나라 법인이 1,100개 이상이 설립되어 있다고 합니다. 이에 반해 유럽인들은 스위스와 오스트리아, 룩셈부르크, 리히텐슈타인, 안도라 등을 주로 이용한다고 하네요. 이들 국가들은 조세 피난처를 제공해서 막대한 경제적인 이익을 얻게 된다고 합니다. 그 중에서도 가장 대표적인 곳이 바로 스위스입니다. 스위스는 우리나라 1년 예산의 10배에 해당하는 2조 8천억 달러의 외국인 자금을 운용하고 있다고 합니다. 당연히 이것을 대가로 상당한 이익을 얻고 있고요. 그리고 보면 '알프스 소녀 하이디'가 산에서 마냥 행복하게 살 수 있었던 것도 다 이런 '믿는 구석(?)'이 있기 때문은 아닌가 생각됩니다. 가만히 앉아 있어도 돈이 벌리니 고생할 필요가 있겠습니까?

최근 스위스의 경우에는 세계 여러 국가들로부터 고객 명단을 제공하라는 압박을 받았습니다. 스위스 최대 은행인 USB는 미국으로 4,450명에 달하는 미국인 명단을 요구받아서 결국 지난 80년간의 비밀유지 역사의 전통을 깨고 이를 제공했다고 하죠? 그 후에 독일, 영국 그리고 우리나라 역시 스위스 은행들에 고객 명단을 요청하고 있는 상황입니다. 아마도 북한 김정은의 비자금도 여기에 있지 않나 예상을 합니다. 사실 그간 북한은 농수산물이나 광물 판매를 넘어서 마약, 가짜담배, 술, 위조지폐 발행을 통해 막대한 비자금을 만들었다고 여겨지고 있습니다.

문제는 말이죠, 바로 이렇게 조세 피난처에 있는 돈들만 제대로 거둬들여도 우리나라 지하경제양성화에는 큰 도움이 된다는 겁니다. 하지만 한 가지 알아두셔야 할 것은 페이퍼 컴퍼니와 해외 계좌 자체는 불법이 아니라는 사실입니다. 누구든 해외에 회사를 세울 수 있고, 계좌를 가질 수도 있으니까 말이죠. 항공사나 선박 회사의 경우는 이러저러한 이유로 인해 일부러 페이퍼 컴퍼니를 만드는 경우가 많다고 해요. 투자를 위해 돈이 자주 왔다 갔다 하는 경우에도 그때마다 매번 신고를 하는 번거로움이 있다 보니, 일부러 페이퍼 컴퍼니를 만들어서 운영하기도 한다 하네요.

그런데 그게 탈세를 위해 갔다거나, 또는 다른 여러 가지 문제에 의해서 도망을 간 돈이라면 여기에 대해서는 정부가 적극적으로 나서야 한다는 겁니다. 실제로 우리나라에서는 지난 2011년부터 10억 원 이상의 해외금융계좌에 대해서는 신고를 의무화하고 있습니다. 그런데 현재 신고된 계좌 중에서 버진 아일랜드 계좌는 하나도 없다고 합니다. 그러니까 거꾸로 생각해보면 버진 아일랜드에 있는 10억 원 이상의 한국인 계좌는 모두 불법이라고 할 수 있겠죠.

불법이냐 아니냐, 세수 확보냐 아니냐를 떠나서도 참 우리나라 부자들의 인식이 안타까운 것은 사실입니다. 그렇지 않아도 엄청난 돈을 버는 사람들이 꼭 그렇게까지 해서 돈을 빼돌리고 세금을 안 내야겠냐는 것입니다. 물론 그 사람들도 억울할 수는 있습니다. 왜 내가 힘들게 번 돈을 빼앗아 가느냐 하는 것이죠. 그런데 말이죠, 단돈 100만 원

이 없어서 자살을 생각하고 살인을 하는 우리나라 국민들의 현실을 살펴보면 참 아쉬운 것이 많습니다. 세계적인 투자가인 워렌 버핏은 이런 말을 했습니다.

"나 같은 사람에게서 세금을 더 받아라. 지금 부자에 대한 세금은 내가 투자를 한 세월 가운데 가장 낮다."

아, 참 멋있지 않습니까? 과연 우리나라의 부자도 '나에게 세금을 걷어라'고 말할 수는 없는 걸까요?

게다가 부자들이 온전히 스스로의 힘으로만 돈을 벌었다고는 절대 말할 수가 없습니다. '사회공동비용으로 구축한 인프라'가 있어야만 그들도 돈을 벌 수 있기 때문이죠. 예를 들어 물류회사를 운영에서 많은 돈을 번 사람이 있다고 합시다. 그런데 물류회사가 있기 위해서는 고속도로라는 인프라가 있어야 합니다. 하지만 그 고속도로라는 인프라는 물류회사에서 만든 것이 아니라 전 국민의 세금으로 만든 것이 아닙니까. 이런 식으로 아무리 부자라고 하더라도 사회의 도움 없이 혼자서 부자가 될 수는 절대로 없습니다. 그런 점에서 자신의 돈을 세금으로 많이 낸다고 하더라도 이는 사회 구성원으로서의 마땅한 의무가 아니겠냐, 이런 생각이 듭니다. 그래야 서민도 숨통 좀 트이고 먹고 살 것 아니겠습니까.

또 다른 마피아, 모피아와 토건 마피아

앞에서 '원전 마피아'가 있다는 말씀을 드렸습니다. 그런데 우리나라에는 이 원전 마피아를 포함한 소위 '3대 마피아'가 있겠습니다. 그 하나가 바로 '모피아(MOFIA)'라고 불리는 것입니다. 재정경제부(MOFE)와 마피아(MAFIA)를 합쳐서 만든 신조어인데요, 예전의 재무부, 현재의 재정경제부 출신의 인사를 말합니다. 이들은 '낙하산 인사'로 투입되는데, 현재 국내 금융기관장 26개 자리 중에서 13곳을 장악하면서 강력하면서도 폐쇄적인 영향력을 행사하고 있습니다. 뭐든지 한 분야의 사람들이 집중적으로 권력을 장악하면 부작용이 생기는 것은 너무도 당연한 일일 겁니다. 그러니 또한 '마피아'라는 말이 붙는 것일 거구요.

또 하나의 마피아는 '토건 마피아'로 불리는 집단입니다. 우리나라는 토목과 건축 분야의 예산이 상당히 많이 잡혀있습니다. 아직도 개발해야 할 국토가 많고, 정부 차원에서 추진해야 할 기간 사업들이 적지 않기 때문이죠. 예산이 많은 만큼 이를 주물럭거리는 세력이 형성되어 있는데 이들이 바로 '토건 마피아'로 불리는 사람들입니다. 근데 이들도 상당히 자신들의 이권을 많이 챙기는 것으로 알려지고 있습니다. 심지어는 국가의 정책까지 좌우할 정도라고 합니다. 이상돈 전 중앙대 교수는 "4대강 사업은 토건 마피아의 결과물"이라는 이야기도 했죠. 그만큼 강력한 세력이라는 이야기입니다. 어쨌든 이제는 우리 서민들이 이런 '마피아'들의 이권놀음에 더 이상은 희생되지 않았으면 하는 바람입니다.

8

썰戰전

이것이
막나가는 정치다

청와대
대한민국

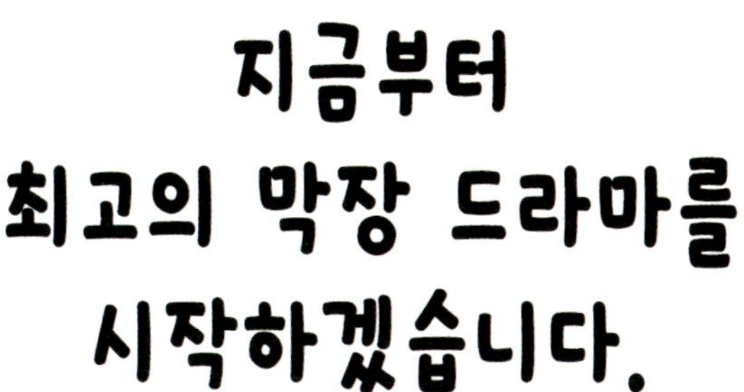

지금부터
최고의 막장 드라마를
시작하겠습니다.

NLL을 둘러싼 이 놀랍고도 괴기스런 이야기

왜 노 전 대통령은 15년간의 봉인을 스스로 풀었을까?

한동안 우리 국민들이 아주 지겹게 들었던 말이 있습니다. 바로 NLL입니다. 워낙 오가는 말들이 많았고 그 전개과정도 변화무쌍해서, 뉴스를 보면서도 '이게 지금 도대체 어떻게 돌아가는 거야?'라고 의아한 분들도 많으셨을 거라고 생각됩니다. 거기다가 '사초폐기'니, '공공기록물'이니 '이지원'이니, 그동안 들어보지 못한 생경한 단어들까지 마구잡이로 쏟아져 나왔습니다. 아마 어떤 분들은 '그딴 거 다 집어치우고 민생이나 신경 쓰지 왜들 그러냐?'라고 화가 나시기도 했을 겁니다. 그런데 문제는 이 NLL 사건이 그저 단순한 정치적 이슈나 소모적인 논쟁만은 아니라는 것입니다. 자세한 것은 앞으로 살펴보겠지만, 이 NLL에 대한 논쟁은 실제로 여

야가 목숨을 걸고 싸울 수밖에 없는 사건입니다. 한쪽이 지면 아주 심각한 타격을 입기 때문이죠. 자, 이제 여기에 대해서 하나하나 털어보도록 하겠습니다. 이번 기회에 NLL 사건의 전모와 본질을 파악할 수 있을 겁니다.

NLL, 도대체 뭐가 문제야?

그럼 도대체 NLL이 무엇인지부터 좀 시작해 보겠습니다. NLL은 북방 한계선(Northern Limit Line)이라고 불립니다. 이게 처음 생긴

것은 1953년에 한국전쟁이 휴전이 되면서 정전협정이 체결되었던 때입니다. 육지는 38선을 경계로 할 수 있었지만 바다는 약간 애매했습니다. 특히 당시만 해도 북한은 해군력이라는 게 거의 없는 상태였고 남한의 해군력이 월등했던 상황입니다. 그래서 미국은 북한과 특별한 합의 없이 일방적으로 '여기가 NLL이다'라며 선을 그었습니다.

　NLL을 자세히 보면 북한 쪽으로 좀 올라가 있습니다. 그러면서 서해 5도인 백령도, 대청도, 소청도, 대연평도, 소연평도가 남한의 소유가 되었던 것이죠. 사실 이 NLL은 북한은 물론이고, 우리에게도 좀 취

약한 부분이 있습니다. 우리는 서울과 가까운 한강 하류의 김포평야를 북한에 빼앗겨서 군사적으로도 취약하고 해운도 할 수가 없고요, 북한은 백령도를 비롯해 서해 5도가 자신들과 너무 가까워 군사적으로 취약합니다. 백령도에서 평양까지 140km 정도니까 우리가 만약 마음먹고 백령도에 미사일을 설치하면 충분히 공략을 할 수 있기 때문입니다. 결국 이런 문제가 있기 때문에 노무현 대통령은 이 두 지역을 평화의 지대로 만들자, 서로 조금씩 양보해서 서해 지역의 군사적 긴장을

완화시키자는 취지의 발언을 하게 된 것입니다. 문재인 의원에 의하면 노무현 전 대통령은 'NLL에 손대지 않는다는 전제하에 NLL을 기선으로 남북으로 등거리, 또는 등면적의 수역을 공동어로구역으로 하자'고 했다는 겁니다. 뒤로 조금씩 물려서 평화도 싹 틔우고 생선도 잡아먹

자, 뭐 이런 이야기를 한 거죠. 그런데 여기에서 문제는 '등면적'입니다. 등거리는 'NLL을 기준으로 해서 동일한 거리를 뒤로 물리자'인데, '등면적'은 서로 같은 면적을 차지하자고 하는 것입니다. 만약 이렇게 하게 되면 우리는 NLL을 넘어서 백령도 위까지 진출을 할 수 있게 되고, 북한은 소연평도 아래까지 내려올 수 있게 되는 거죠. 이렇게 되면 사실상 NLL이 무너진다는 겁니다.

그런데 북한이 자꾸만 '등면적으로 하자'고 해서 결국 이 부분에 대해 협상을 하기 위해 현 국가안보실장인 김장수 당시 국방부 장관이 2007년 11월에 남북국방장관회담을 하기 위해 북으로 갔습니다. 남북정상회담이 2007년 10월에 있었으니까 근 한 달 만에 좀 더 구체적인 협의를 하러 간 거죠. 하지만 김장수 장관은 '등면적은 허용할 수 없다'고 하면서 결국 협상은 결렬되고 말았고 NLL에는 아무런 변화가 생기지 않았죠. 그 후 남한과 북한은 더 이상 NLL에 대한 이야기를 하지 않았습니다. 현재까지도 말이죠. 바로 여기까지가 NLL과 관련된 팩트(fact)라고 할 수 있겠습니다.

전초전 : 폭발성은 있었지만 결론은 없었던 NLL폭로

그런데 이 이야기가 5년 만에 다시 부활하게 됩니다. 바로 박근혜 대통령이 당선됐던 제 18회 대통령 선거 직전이었죠. 그러니까 대선을 앞둔 2개월 전, 이명박 정부 시절 청와대 통일비서관을 지낸 정문헌 의원은 '노무현 전 대통령이 남북정상회담에서 NLL를 포기하는 발언을 했다'는 폭탄 발언을 했습니다. 이 일로 정국은 혼돈 속으로 빠져들었습니다. 특히 선거를 앞두고 터진 북한과의 문제였기에 그 이슈성은 아주 강력했죠. 그리고 박근혜 대선 캠프 총괄선대본부장이었던 김무성 의원은 대선을 닷새 앞둔 12월 14일, 부산 유세에서 대화록을 낭독하기도 했습니다. 이 시기에 야당과 여당은 서로를 맞고소하기 시작했죠. 민주당은 '허위사실 공표'로 새누리당 의원들을 고발했고, 새누리당은 당시 민주당 이해찬 대표를 무고 혐의로 맞고소를 했던 것이죠. 하지만 결국 박근혜 대통령의 당선으로 당시 사건은 유야무야되는 듯 했습니다. 특히 다음 해인 2013년 2월 검찰이 여야를 막론

하고 관련자 전원을 무혐의 처분하면서 이제 NLL 포기 발언은 역사 속의 사건이 되는 듯 했습니다. 바로 여기까지가 NLL 대화록 전초전의 전모이며, 시작은 있었지만 끝은 없었던 폭로전의 전말이라고 할 수 있겠습니다.

격돌! – 제1라운드 : NLL 포기 발언 있냐? 없냐?

그런데 이 문제가 또다시 등장한 것이 바로 올해 6월, 국정원 선거 개입 문제로 전국이 술렁일 때였습니다. 죽어도 죽어도 다시 살아나는 NLL 이야

기는 거의 좀비 수준이라고 볼 수 있지 않겠습니까? 그때는 국정원 선거 개입 의혹이 커지면서 대학생들의 시국선언이 나오는 즈음이었습니다. 이제 그렇게 국정원 사건이 본격화되나 보다, 이렇게 생각하고 있었는데 마치 혜성처럼 다시 '노무현 대통령의 NLL 포기 발언'이 등장했습니다. 정말이지 국정원 선거 개입에 대한 모든 논쟁을 한꺼번에 빨아들일 정도로 엄청난 흡수력을 자랑했지요. 최초에 NLL에 대한 이야기는 박영선 민주당 의원이 한 발언이 발단이 되었습니다.

"노무현 전 대통령의 NLL 포기 발언 논란도 국정원과 새누리당이 짠 시나리오다."

현재 일어나고 있는 국정원의 선거 개입에 대해

비판을 하면서 NLL 포기 발언 논란도 결국에는 모두 국정원의 짓이라고 말했던 거죠. 그랬더니 새누리당 서상기 국회정보위원장이 국정원에 신청해 열람한 8페이지 분량의 NLL 관련 발췌록으로 기자회견을 하면서 이렇게 이야기했죠.

"처음부터 끝까지 비굴과 굴종의 단어가 난무했다. 대통령이 국민을 배신한 것이다."

"노무현 전 대통령이 (남북정상회담 당시) 김정일 위원장에게 '보고드린다'거나 '앞서 보고드렸듯이'라는 식의 말을 썼다."

정문헌 새누리당 의원도 여기서 거들었습니다.

"노 전 대통령이 'NLL은 미국이 땅따먹기 하려고 제멋대로 그은 선'이라고 표현했다."

민주당이 거칠게 반발한 것은 당연한 일이었습니다. 하지만 여기까지는 일반적인 정치적인 이슈와 크게 다를 바 없는 모양새였습니다. 거기다가 새누리당으로서는 어느 정도의 '물타기 효과'도 얻었으니 이제 또 슬며시 덮여지나 했습니다. 새누리당이 일방적으로 '발췌록'이라고 주장하면서 이런 이야기를 꺼내니 민주당 입장에서는 '근거가 뭐냐', '그 근거가 진짜냐'라고 따질 수는 있어도 뭔가 확실한 반박을 하기는 쉽지 않았던 것이죠.

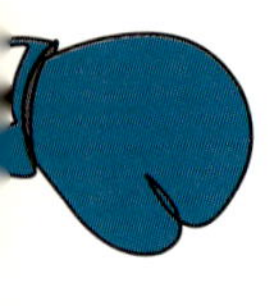

격돌! – 제2라운드 : 대화록 공개, 놀라운 결과

그런데 갑자기 돌발적인 상황이 발생해버렸습니다. 6월 24일, 남재준 국정원장이 2007년 남북 정상회담 회의록의 전문을 공개해버린 것이죠. 그러자 이제 사건은 제2라운드에 돌입하기 시작했습니다. 민주당이 탄력을 받기 시작한 것도 바로 이 시점이라고 할 수 있습니다. 막상 NLL 회의록을 봤더니 놀랍게도 'NLL 포기'라는 말은 찾아볼 수가 없었다는 겁니다. 거기다가 새누리당이 거의 '조작' 수준으로 발언을 왜곡한 것까지 드러났습니다.

거기다가 아까 서상기 국회정보위원장이 "노무현 전 대통령이 (남

북정상회담 당시) 김정일 위원장에게 '보고드린다'거나 '앞서 보고드렸 듯이'라는 식의 말을 썼다"고 하지 않았습니까. 그런데 이 말도 완벽한 왜곡으로 드러났습니다. 실제 원문에는 이런 내용이 있었죠.

"6자회담에 관해서 여러 가지 이야기를 하는데, (북측 김 계관 외부무 부상이) 조금 전에 보고를 그렇게 상세하게 보 고하게 해주셔서 감사합니다."

또 대화록 전문에도 '땅따먹기'라는 발언도 없었습니다. 나중에 알 고 보니 이 발언은 2007년 11월 민주평화통일 자문회의의 연설에서 노 전 대통령이 "어릴 때 땅 따먹기 할 때와 비슷한 싸움을 하고 있는 것 이지요"라는 말을 했던 걸 임의적으로 끌어와서 말을 따다가 붙인 거 죠. 예를 들어 신문의 한 면에 탑 기사로 '아파트값 상승'이라는 기사가 있고 그 아래에 '편의점 아르바이트생 성추행', 그리고 그 옆에 '공군 비행기 추락'이라는 기사가 있다고 합시다. 그런데 이걸 누군가가 짜 깁기해서 '야, 아르바이트생이 아파트에 올라가서 추락했대'라고 말하 는 것과 똑같습니다. 아, 정말 이게 웬일입니까. 이게 뭐 애들 장난도 아니고 말이죠.

하지만 새누리당은 이러한 것에도 굴복하지 않았습니다. '전체 맥 락상 NLL 포기발언보다 더 위험하고 부적절한 발언이 난무했다'며 맞 섰던 것이죠. 하지만 실제로 새누리당이 말했던 'NLL 포기'에 대한 발 언이 없었기 때문에 당시 진보정의당, 민주당 등은 '서상기, 정문헌 의원은 사퇴해야 한다'며 공세를 멈추지 않았습니다. 특히 당시 서 의원은 국가정보원의 대화록 전문을 보지 않고 발췌록만 보고 기자회견을 했던 것으로 알려지기도 했죠. 그 후에도 계속해서 공방은 계속됐지만, 일단 새누리당의 패배로 사건이 기울어지는 듯 했습니다. 상황이 이렇게 되자 이제 새누리당은 서서히 발빼기를 시도하기 시작했습니다. 갑자기 정국을 돌며 민생 챙기기를 하겠다고 했지요. 거기다가 한 보수언론은 이제 '프레임'을 바꾸려는 시도까지 하기 시작했습니다. 여론 조사를 하면서 NLL이라는 말을 쏙 뺀 거죠. '남북정상회담 회의록 사건의 본질적 문제는?'이라는 질문에 대해 '노무현 전 대통령의 김정일에 대한 지나친 저자세와 친북반미적 언행(48%)', '국가정보원에서 남북정상회담 회의록을 공개한 사실(35.7%)'이라는 설문 조사를 발표했던 것입니다. 아니, 이제까지 주구장창 NLL 이야기를 했으면서 정작 설문조사 항목에서 NLL이라는 단어를 뺀다? 이게 말이 되는 걸까요?

이 당시 진행된 여론조사는 NLL 논란에 대한 국민들의 생각을 보여줍니다. 가장 보수적인 설문조사 기관인 한국갤럽에서 조사한 바에 따르면, '노 전 대통령의 발언이 NLL 포기 의사를 밝힌 것이라고 생각하는가'라는 질문에 '아니다'가 53%, '그렇다'가 24%, '모른다'가 23%로 나왔습니다. 중앙일보에서 조사한 건 63%(NLL포기 발언이 아니다)가 넘게 나왔습니다. 국민의 과반수가 'NLL 포기 발언은 없었다'고 생각한 것입니다.

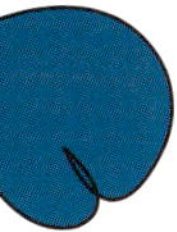

격돌! – 제3라운드 : NLL 대화록 원본이 없어졌다! 사초폐기다!

그런데 이때부터 다시 서서히 '대화록 원본', 혹은 '대화록 진본'에 대한 이야기가 솔솔 피어오르기 시작했습니다. 이 부분에 대해서는 여야의 이유는 다르지만, 결론은 동일했습니다. 민주당은 이참에 아예 NLL 관련 논쟁을 끝장내기 위해 '원본을 보자'고 했고, 새누리당은 '원본에는 뭔가 다른 것이 있을 것이다'라며 동의를 하면서 다시 3라운드에 돌입하게 됐습니다. 결과적으로 여야가 대화록 원본 공개에 합의하면서 열람의원들이 국가기록원에 찾아가 함께 대화록을 찾기 시작했습니다. 아, 근데 이게 또 웬일입니까. 아무리 찾고, 찾고 또 찾아도 대화록 원본이 없는 것이 아니겠습니까? 여론은 멘붕을 경험했습니다. '아니, 대통령정상회담 기록이 없어졌다고? 이게 말이 돼?' 하고 말이죠.

이렇게 되자 야당은 대화록 실종에 대한 특검을 주장했지만 새누리당은 이 부분에 대해 냅다 검찰에 고발을 해버렸습니다. 이때부터 바로 '사초 실종, 사초폐기'에 대한 논의가 나오기 시작한 것이죠. 새누리당은 노무현 전 대통령이 '자신에게 불리한 것이 있어서 역사적 기록을 삭제해버렸다'고 주장했습니다. 결국 'NLL 포기 발언이 있냐, 없냐'로 시작되었던 논란은 이제 '노 전 대통령이 NLL 회의록이라는 사초를 폐기했냐, 하지 않았냐'라는 새로운 국면을 맞게 된 것이죠. 검찰이 수사에 돌입하게 된 것은 바로 이런 이유 때문이었습니다.

격돌! - 제4라운드 : 왜, 무엇을 수정 지시했나?

그렇게 해서 조사를 시작한 검찰은 지난 10월 2일 중간수사결과를 발표했습니다. 이제 다시 4라운드가 시작된 것입니다. 그러니까 검찰의 중간수사결과 발표를 요약하면 이렇습니다.

- ▲ 국가기록원에는 대화록 원본이 없다.
- ▲ 봉하 이지원을 봤더니 여기에 두 개의 NLL 대화록이 발견됐다.
- ▲ 하나는 NLL 대화록 초본이다. 하지만 이건 삭제의 흔적이 있었고 이를 다시 복구했다.
- ▲ 또 하나는 초본을 수정한 최종적인 NLL 대화록이 있다.

이제 여기에서 또다시 논쟁이 시작된 겁니다. 새누리당의 주장을 이렇습니다.

- ▲ NLL 포기 발언이 원래는 있었는데, 최종본에서 삭제한 거 아니냐? 초본과 최종본 사이에 뭔가 은폐를 위한 수정과 삭제가 있었던 것 같다. 이러한 의혹을 해소하기 위해서 차라리 음원 파일을 공개하자.
- ▲ 왜 대화록을 국가기록원에 넘기지 않았는가? 이는 뭔가 은폐를 위한

것이 아니었나?

　사실 이런 정치적인 논쟁을 하려면 끝이 없을 것입니다. 국민들께서 NLL
에 대해 피곤해 하는 것도 바로 이런 부분이라고 볼 수 있습니다. 각자가 논
리를 가지고 있기 때문에 들어보면 '그런가?'하며 혹할 수가 있기 때문입니
다. 결국 NLL을 바라보는 핵심은 이러한 논리로서는 도저히 풀 수 없지 않
을까 하는 생각이 들기도 합니다. 그렇다면 정말 NLL에 대해 어느 정도의
정리를 할 수는 없는 것일까요?

　　정말로 노무현 전 대통령이 뭔가를 숨기기 위해서 대화록 초본을 삭제하고, 은폐를 위해서 국가기록원에 자료를 넘기지 않았던 걸까요? 한쪽에서 이런 의문을 계속 제기하고 있으니, 이번에는 다른 한쪽의 의견을 들어보도록 하겠습니다.

　　은폐가 아니라고 주장하는 쪽에서는 이렇게 말합니다. 만약 노 전 대통령이 진정 은폐를 원했던 거라면, 국정원에 있는 대화록과 음원파일을 없애는 게 당연하지 않겠냐고 말입니다. 국정원에 대화록도 주지 않고 음원파일도 삭제해버리라고 지시할 수 있었다는 거죠. 하지만 그러지 않았던 걸 보면 폐기할 의도는 없었던 것으로 볼 수 있다는 것입니다. 또한 국가기록원에 넘겨서 대통령지정기록물로 지정하면 향후 15년간 열람이 불가능하기 때문에 일부러 국정원에 보관했다는 것이죠. 이 경우 노무현 대통령의 임기가 2008년까지였으니까 2023년까지 NLL 대화록은 볼 수 없게 됩니다. 물론 그렇게 했다면 지금의 이

봉인 해제

러한 NLL논쟁도 있을 수 없겠죠. 그런데 왜 노 전 대통령은 이 기록물을 국가기록원에 넘기지 않았을까요?

참여정부 인사들의 증언에 따르면, 노무현 전 대통령은 '국가기록원에 넘기지 말고 후임 대통령이 열람해서 참고할 수 있도록, 국정원에 보관하라'고 지시했다고 합니다. 국가기록원에 넘기면 후임 대통령이 과거의 남북정상 간의 대화록을 열람할 수가 없으니 다음 회담을 준비할 때에도 힘들지 않겠냐는 것이죠. 이런 부분에 대해서는 MB 정권과 비교를 해볼 수 있습니다. MB 정권은 모든 기록물을 지정기록물로 분류해놓아서 현재 열람이 아예 불가능합니다. 뭔가를 은폐하고 싶었다면, 노 전 대통령도 이렇게 해버리면 그만이라는 것이죠. 은폐를 원했다면 너무도 간단한 방법을 놔두고 그렇게 멀리 돌아갈 이유가 있었을까요?

사실 노무현 전 대통령은 처음으로 대통령기록물에 관한 법을 만든 사람입니다. 그 전에는 그런 법도 없었기 때문에, 이전 정권의 대부

분 문서가 남아있지 않은 상황이었죠.

또한 '사초폐기'라는 문제 제기에 있어서는 그 말 자체가 어불성설이라고 말합니다. 사실 원래의 사초, 즉 궁중의 모든 회의를 기록한 내용은 실록이 편찬된 이후에는 폐기를 합니다. 그것을 '세초(洗草)'라고 합니다. 실록 편찬 후 사초를 물에 빨아 먹물을 흘려보내고 종이로 재생하여 사용하는 것이죠. 사초는 원래 쓰고 나면 없애는 것이 맞음에도 불구하고 그것을 '사초폐기다'라고 말하는 것은 도대체 어법에 맞지 않는다고 말합니다. 국정원에 보관해서 후임 대통령이 볼 수 있도록 했고, 지금의 사초라고 할 수 있는 '초본'을 삭제한 것 자체를 '사초폐기'라고 하는 것 자체가 말이 안 된다는 것입니다. 물론 이러한 입장에 반박하는 의견도 만만치 않습니다. 국가기록원에 넘겨야 실록이 완성된 것이라고 볼 수 있지 않겠냐는 것이죠.

아무튼 이 NLL 논란을 통해 새누

리당과 민주당이 정치적으로 얻는 것들이 분명 있을 것입니다. 하지만 그 정치적인 의도야 어쨌든, 이제 서민들은 제발 좀 정치인들이 민생에 신경을 써주었으면 하는 바람인 것만은 틀림없습니다. 정치적 논쟁은 나중에 하더라도 일단은 경제적인 안정이 필요하다는 것입니다. 자, 새누리당과 민주당에게 NLL 사건이 중요한 것이라는 것은 잘 알겠지만, 이제는 민생도 함께 돌봐주면 안되겠습니까?

NLL 정국에 대해
한마디 한다면?

Sseoljeon News

"맞불 작전으로 거둔 절반의 성공 같아요. 국정원 댓글 사건은 덮었지만, 또 다른 문제를 불러일으켰죠."

"견강부회로 시작해서 야단법석을 거쳐서 소탐대실로 끝났다고 생각합니다. 억지로 상황을 만들어서 야단법석을 떨다가 결국 작은 걸 얻고 큰 걸 잃었죠. 제발 이런 일 좀 다시 안 했으면 좋겠어요!"

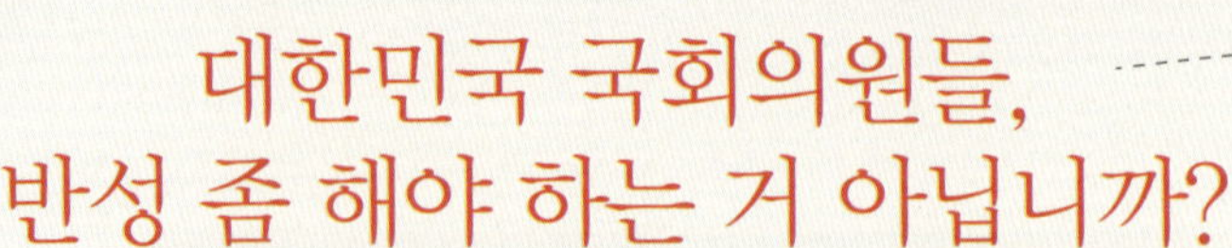

우리나라 정치를 이끌어 가는 사람들, 그래서 우리 국민을 행복하게 만들어줘야 하는 사람들이 바로 '정치인' 아니겠습니까? 그런 점에서 이 정치인들이 올바로 서야 나라도 올바로 서고, 또 국민들도 당당해질 수 있을 겁니다. 그런데 아직도 여전히 구태에서 벗어나지 못하는 정치인들, 심지어 윤리의식까지 의심받는 국회의원들이 한두 명이 아닙니다. 아마도 신문이나 방송을 보시면서 '저러고도 국회의원이야?'라는 말을 한두 번쯤은 해보셨을 것 같습니다. 누드 검색이니 조폭문화니 청탁논란이니 하는 사건들을 들을 때마다 화 많이 나시죠? 거기다가 성추행은 하루 이틀 문제도 아니죠. 의원들이 밑도 끝도 없고 명분도 없는 해외연수를 떠나

는 건 아주 귀여운 수준입니다. 그게 다 우리 세금인데 말이죠. 자, 그
러면 이번에는 우리 국회의원들의 적나라한 문제들을 제대로 짚어보
고 가도록 하겠습니다.

새누리당의 '형님문화', 문제는 없나?

　남자들은 사회생활을 하면서 '형님'이라고 부르는 사람들이 있을 겁니다. 그런 분들에게는 아무래도 좀 깍듯하게 대하고, 또 한마디 말씀이라도 하면 가능하면 토를 달지 않고 실행하게 되죠. 하지만 이런 형님문화가 좀 과해지면 그때부터는 '조폭문화'가 되는 거 아니겠습니까? 문제는 이게 일반적인 관계가 아니라 '정치인들의 관계'라는 것입니다. 정치인들이 해야 할 일은 당의 노선을 떠나서 국민을 위해 소신 있게 행동해야 하는 겁니다. 근데 여기에 지나치게 '형님들'의 의견이 많이 개입되거나 또 어쩔 수 없이 집단적으로 행동할 때에는 문제가 되죠. 저 멀리 있는 국민들보다는 당장 눈앞에 보이는 '형님들'에게 잘 보이고 싶어 하게 됩니다. 가장 대표적인 사례가 올해 6월 말에 있었던 몇 장의 사진들입니다.

　보시면 아시겠지만 새누리당 김재원 의원이 김무성 의원에게 다가가 연신 고개를 숙이지만 김무성 의원은 아예 눈길을 마주치지도 않습니다. 나중에야 등을 토닥여주지만 이때도 여전히 시선은 마주치지 않습니다. 도대체 이들 사이에 어떤 일이 일어났기 때문에 이런 상황이 벌어진 걸까요?

사건의 발단은 2013년 6월 26일 최고 중진연석회의에서 한 김무성 의원의 발언이었습니다. 그때 김 의원은 '지난 대선 때 이미 NLL대화록을 입수해서 읽어봤다'라는 말을 비공개로 했습니다. 만약 이것이 사실일 경우에는 사전불법입수에 해당하는 발언이었죠. 이 말은 같은 새누리당 의원인 남경필 의원이 대화록 공개를 문제 삼자 김무성 의원이 이를 강도 높게 비난하면서 감정이 격해져서 나온 돌출발언이었습니다. 하지만 이 자리 자체가 비공개인 만큼 김무성 의원은 이게 문제가 될 것이라고 생각하지 않았습니다. 그런데 이게 웬걸요, 이 발언 자체가 언론에 유포되면서 김무성 의원은 엄청 화가 났습니다. 비공개로 진행된 건데 만약 이게 유출이 됐다면 누군가가 자신을 음해하기 위한 것이라고도 볼 수 있기 때문입니다. 그래서 발끈했죠.

다음날 오전, 김무성 의원의 핸드폰에 당직자가 보낸 한통의 문자 메시지가 도착합니다.

어제 대표님 발언을 유출한 사람은 김재원 의원이라는 말이 나돌고 있습니다.

이런 소문을 들었는지 김재원 의원도 약 2시간 뒤에 김무성 의원 핸드폰으로 문자를 보냈습니다. 근데 이 내용이 아주 절절합니다.

형님 김재원입니다. 드릴 말씀이 있어서 찾아뵈려고 전화드렸습니다. 답답한 마음에 먼저 문자 메세지로 말씀드리겠습니다. 어제 최고 중진회의에서 형님 말씀하신 내용에 대한 발설자로 제가 의심받는다는 소문을 들었습니다. 맹세코 저는 아닙니다. 저는 요즘 어떻게든 형님 잘 모셔서 마음에 들어볼까 노심초사 중이었는데 이런 소문을 들으니 억울하기 짝이 없습니다. 앞으로도 형님께서 무엇이든 시키시는 대로 할 생각이오니 혹시 오해가 있으시면 꼭 풀어주시고 저를 지켜봐 주시기 바랍니다.

하지만 그래도 김무성 의원이 김재원 의원을 만나주지 않자 결국 본회의장까지 달려와서 인사를 하고 사죄를 한 것입니다.

문제가 있으면 사죄를 할 수도 있고, 또 열 받으면 당사자를 만나고 싶지 않을 수도 있습니다. 인간사가 다 그런 거 아니겠습니까? 그런데 새누리당 내에서 일종의 '형님문화'가 뿌리 깊게 박혀 있다 보니, 그것이 부작용의 근원이 될 수 있다는 게 문제입니다. 김재원-김무성 의원의 관계를 봐도 사실 마찬가지입니다. 찾아와서 굽신거려도 열 받아서 눈길조차 마주치지 않는 것, 그리고 설사 발언을 유출했다고 하더라도 이걸 외면하는 모습이 엿보기 좋지 않다는 거죠. 더군다나 김재원 의원은 검사 출신으로 조폭 등의 사건을 다룬 특수통이었습니다. 조폭의 문화를 잘 아는 김재원 의원이 그런 조폭 같은 모습을 연출하니 '이게 도대체 뭐냐'라는 말이 나올 법도 합니다.

사실 정당마다 이러한 문화가 있는 것이 사실입니다. 야당의 경우에는 좀 자유분방하고 위계질서에 잘 얽매이지 않는 성향이 있고, 반면에 여당의 경우에는 형님- 동생의 관계로 똘똘 뭉친 형님문화가 존재하고 있습니다. 과거에 야당이 '열린 우리당'일 때에 초선 의원이 108명이었다고 합니다. 그런데 이게 도저히 통제가 안 돼서 의원들 사이에서는 '108번뇌'라고 부를 정도였다고 합니다. 위계질서 없이 너도 나도 한마디씩 하고, 서로 뒤엉키다 보니 그게 정당 차원에서는 번뇌에 가까울 정도였다는 거죠. 반면 새누리당은 엄청난 형님문화가 존재하고 있습니다. 그것도 특히 '영남권 형님'과 '수도권 형님'으로 갈려져 있습니다. 영남권에는 63명 정도의 의원이 있습니다. 그런데 이 63명 전부가 '형님-동생'으로 완전히 연결되어 있다고 합니다. 일단 국회에 입성과 동시에 세세한 위계질서에 대한 파악이 끝나게 되면 그와 동시에 '누구는 형님, 누구는 동생'이 정확하게 갈리게 되고 하나의 족보를 형성하는 것입니다. 이게 심지어 공천에도 영향을 미치니, 자신의 정치적 생명줄을 가지고 있는 형님을 어떻게 함부로 대하겠습니까. 김재원 의원이 그렇게 김무성 의원에서 조폭스러운 사죄를 한 것도 이런 것과 무관하지 않다고 볼 수 있습니다. 특히 김무성 의원 정도의 영향력을 가지고 있는 사람이 벼르고 있는데 아무런 해명도 하지 않는다? 이건 완전히 갈라서겠다는 마음을 먹지 않는 한 도저히 할 수 없는 행동이기도 합니다. 거기다가 정치권에는 이런 말도 있다고 하네요.

'어느 구름에서 비 올지 모르고 어느 칼에 찔려 죽을지 모른다.'

그러니 아는 형님들마다 구구절절 형님 대접해야 되고 깍듯이 모셔야 된다는 겁니다. 수도권 형님문화는 이보다 약하긴 하지만 그래도 나름의 견고한 문화를 가지고 있습니다. 다만 수도권에서도 '서울 형님', '경기도 형님'이 나눠지면서 또 각각의 연고가 중심이 되고 있다고 합니다.

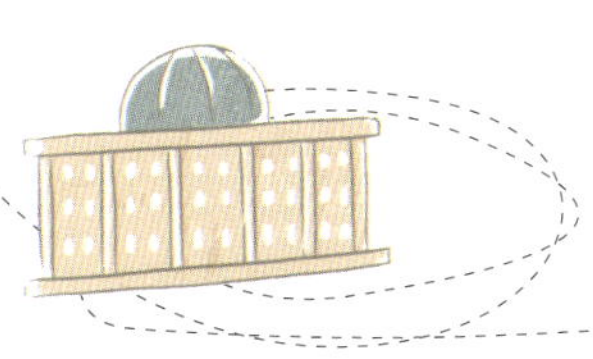

심지어 국회 본회의장에서 누드를 검색하는 정말이
지 황당하고 어처구니없는 일까지 생기고 있는데요, 그 주인공
은 바로 새누리당 심재철 의원입니다. 스마트폰으로 누드를
보는 장면이 한 언론사의 사진기자에게 찍혀서 세상에 알려
졌습니다. 그런데 이분 경력이 참 화려합니다. 최고위원이자 무
려 4선 의원이죠. 여기에 2012년 바른사회시민회의 우수의정활동상,
2012년 건설경제신문 선정 국정감사 우수의원으로 선정되기도 했고,
윤리특위 위원이기도 합니다. 윤리특위란 말 그대로 국회의원들의 자
격과 윤리에 대한 심사를 담당하는 윤리특별위원회입니다. 그런데 이
렇게 윤리를 중요시해야 할 분이 누드검색이 웬 말입니까. 물론 누드
검색 자체가 문제는 아닙니다. 사실 성인이 누드를 보는 것이 불법은
아니죠. 또 남자들이라면 누구나 관심 있는 문제 아니겠습니까? 국회
의원이라고 딱히 ‘누드를 봐서는 안 된다’는 건 좀 지나친 처사일 것입

니다. 근데 문제는 장소가 '국회 본회의장'이라는 거죠. 이곳은 한 나라의 크고 작은 일들이 결정되는 신성한 공간입니다. 거기다가 그곳은 대한민국의 국회의원이 아니면 입장조차 불가능한 곳입니다. 그런 곳에서 누드를 검색하고 사진을 봤다는 것은 보통의 안이한 자세가 아니면 도저히 할 수 없는 일이 아니겠습니까. 심재철 의원은 사건을 해명하면서 이렇게 말했습니다. 지인이 메시지로 누드사진을 보내와 확인하면서 보게 된 것이고, 신기해서 다른 건 뭐가 있나 검색을 해본 거라고요. 아예 이해가 안 가는 것은 아니지만 다음부터는 좀 더 신중하게 때와 장소를 살피셔야 할 것 같습니다.

그런데 이렇게 그냥 사진만 보는 건 그나마 봐줄 만한 건지도 모르겠습니다. 과거 개성공단에 시찰을 갔던 한 국회의원은 북한 여성에게 계속해서 '작업멘트'를 날렸다고 하네요. 이때 명함을 주면서 했던 말이 압권입니다.

'서울 오면 연락해~'

아니, 그럼 탈북해서 국회의
원에게 연락하라는 겁니까? 탈북하
게 되면 누구나 국정원에서 조사를 받게 되
는데, 그럼 이런 상황이 펼쳐진다는 건
가요?

국정원 : 탈북 경위
가 뭡니까?
북한여성 : 남한의
국회의원 오빠가 오라고 해서요!

아니, 지방에서 만난 여성에게 '서울 오면 연락
해~'라는 이야기는 할 수 있겠지만, 국회의원이 북한에 가
서 '서울 오면 연락해~'라는 건 또 뭡니까. 참 여하튼 대한민국
국회의원님들, 정신 좀 차려야 할 것 같습니다.

난 성접대 받았어~!

난 인사청탁을
얼마나 많이 받아줬는데

난 뇌물 받았어!

그리고 말이죠, 또 국회의원에 대한 청탁도 문제가 되고 있습니다. 사실 우리사회에서 힘 있는 사람들, 권력과 돈이 있는 사람들이 청탁을 많이 한다는 것은 하루 이틀 문제는 아닙니다. 하지만 공명정대하고 당당해야 할 국회의원들이 이런 청탁에 휘둘린다는 것도 문제가 아닐까 생각이 됩니다. 최근 이런 청탁논란이 불거진 것은 지난 4월 29일 국회 본회의 도중에 새누리당 김희정 의원의 휴대폰 문자가 사진에 찍혔기 때문인데요, 이게 당시 지역의 한 유지로 보이는 사람의 취업 청탁과 관련해 보좌관과 대화한 내용이었습니다.

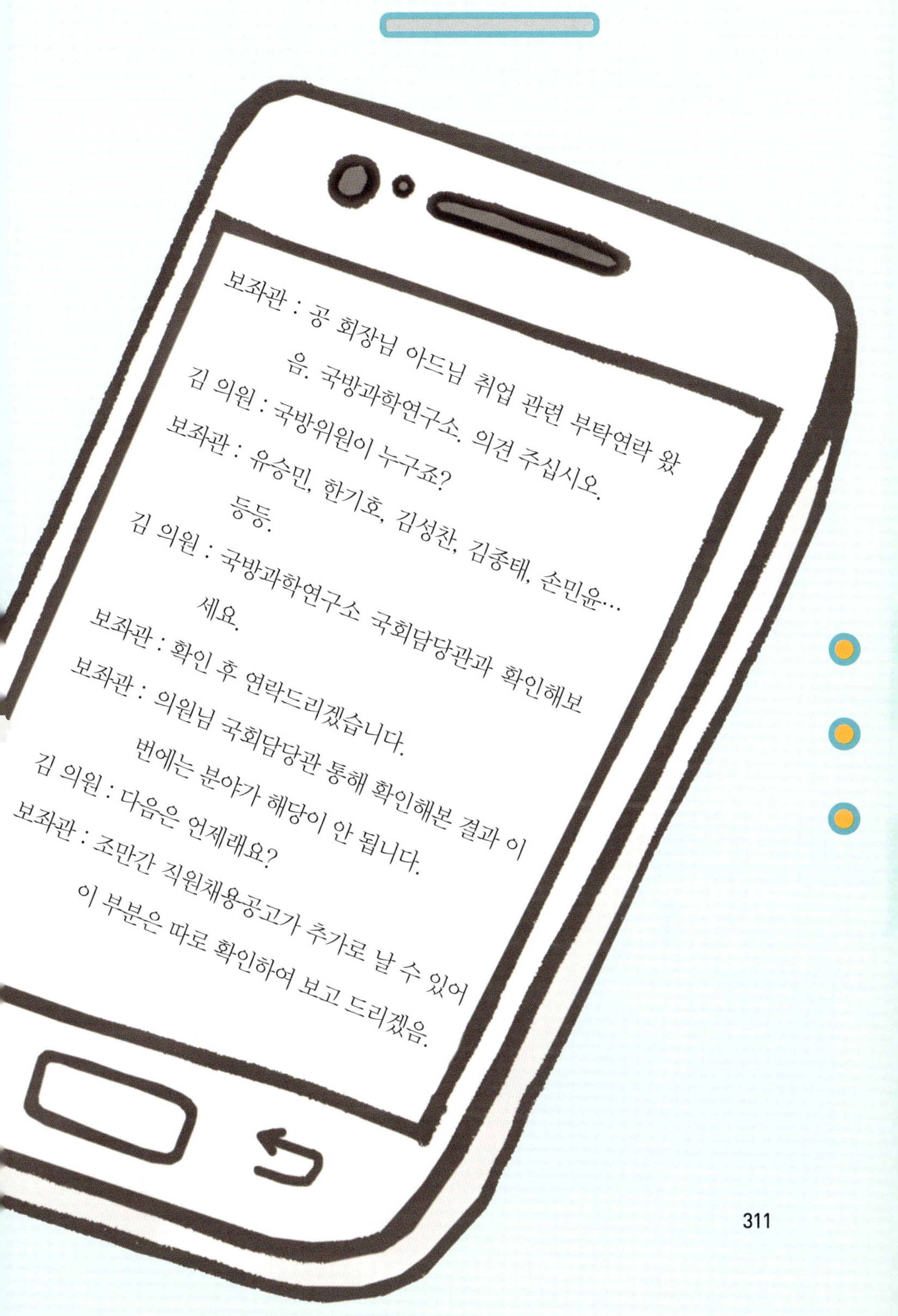

보좌관 : 공 회장님 아드님 취업 관련 부탁연락 왔
음. 국방과학연구소. 의견 주십시오.
김 의원 : 국방위원이 누구죠?
보좌관 : 유승민, 한기호, 김성찬, 김종태, 손민윤…
등등.
김 의원 : 국방과학연구소 국회담당관과 확인해보
세요.
보좌관 : 확인 후 연락드리겠습니다.
보좌관 : 의원님 국회담당관 통해 확인해본 결과 이
번에는 분야가 해당이 안 됩니다.
김 의원 : 다음은 언제래요?
보좌관 : 조만간 직원채용공고가 추가로 날 수 있어
이 부분은 따로 확인하여 보고 드리겠음.

이 정도의 문자 대화 내용이라면 빼도 박도 못하는 그런 상황입니다. 물론 현실적으로 이해가 안 가는 것은 아닙니다. 그래도 지역 유지라면 말이죠, 몇 백 표는 바로 움직일 수 있는 정도의 사람 아니겠습니까? 거기다가 몇 백 표 얻기는 정말 힘들어도 몇 천 표 떨어지는 건 순식간이죠. 특히 지역 유지들의 말이 그 지역에서만큼은 참 신뢰를 얻는 것도 사실입니다. '야, 개는 안 돼. 못쓰겠더라!', '내가 개네 부모들부터 잘 아는데, 아예 글러먹었어!'라고 한마디 해버리면 한 동네의 표심은 그냥 박살이 나야 된다고 봐야 합니다. 이런 입장에서 국회의원들이 무조건 청탁을 외면하는 것도 쉬운 일은 아닐 겁니다. 물론 국회의원들도 나름대로 이런 청탁에 잘 대응(?)하는 방법들이 있다고는 합니다. 아예 매뉴얼까지 있다고 하는데요, 그러니까 받아들일 건 최대한 예의를 갖춰서 받아들이되 실질적인 개입은 안 한다는 거죠. 특히 이런 청탁들은 대개 국회의원들에게 직접 가지 않고 보좌관들에게 가는 경우가 대다수라는 점에서 적당한 핑계만 잘 만들면 청탁을 물리치는 것도 그리 어려운 일만은 아니라는 이야기입니다.

지역 유지들, 혹은 나중에 자신에게 도움이 될 수 있는 사람들의 청

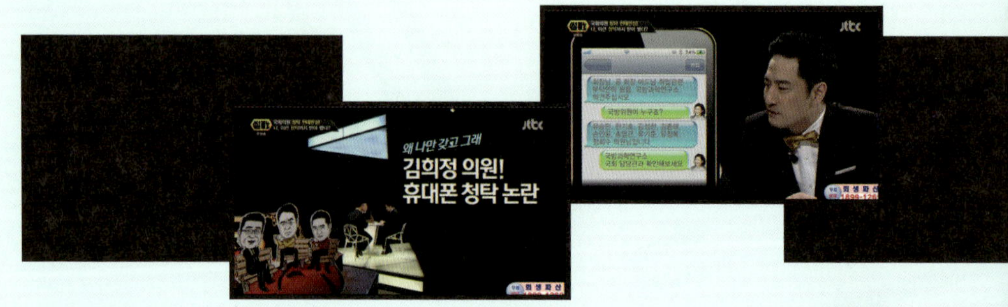

탁을 늘 이렇게 핑계만 대면서 물리치기도 쉽지는 않을 겁니다. 하지만 중요한 것은 그들이 일반인이 아니라 대한민국 국회의원이라는 자리에 앉아있는 사람들이라는 점입니다. 그런 점에서 청탁을 할 수조차 없는 일반 서민들도 있다는 점, 그리고 청탁으로 인해 서민들이 기회를 박탈당하고 정당한 경쟁도 하기 전에 한수 접을 수밖에 없다는 점을 염두에 두어야 하지 않을까 싶습니다.

이렇듯 국회의원의 자질 문제는 늘 논란의 대상이 되곤 했습니다. 하지만 이게 꼭 자질의 문제만은 아닌 것 같습니다. 자질 정도야 좀 떨어지면 어떻습니까. 문제는 국민들을 보좌하고 국민들의 삶을 책임져야 할 국회의원들의 자세와 태도가 너무도 안이하다는 것입니다. 이런 일들은 현실에서도 있습니다. 공부를 못해도 최선을 다한 학생이라면 격려를 받아야 마땅합니다. 스포츠에서도 승리를 못해도 정말 열심히 땀 흘린 선수가 있다면 우리는 기꺼이 박수를 쳐줄 수 있습니다. 하지만 국민에 대한 기본적인 자세와 태도가 되어 있지 않은 국회의원이라면 정말로 이제는 '퇴출'을 시켜야 하지 않을까요?

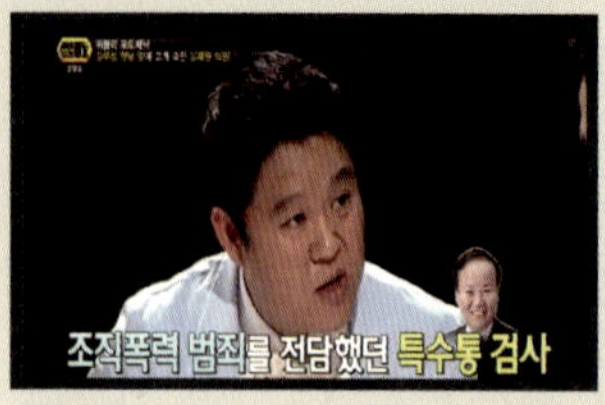

1 김재원 의원이 김무성 의원에게 보낸 문자 내용을 보면서, 조폭도 아닌데 이게 뭐 하는 거냐는 얘기가 나오고 있죠. 김재원 의원이 또 검사 출신 아니겠습니까? 이분 전공이 조폭들 상대했던 특수통인데, 이게 뭐하는 짓이냐 이런 말이 나오고 있어요.

2 아니, 지금 이게 형님이라는 표현이 좀 부적절해서 그렇죠, 문자에서 형님을 대표님으로 바꾸면 크게 이상하진 않아요.

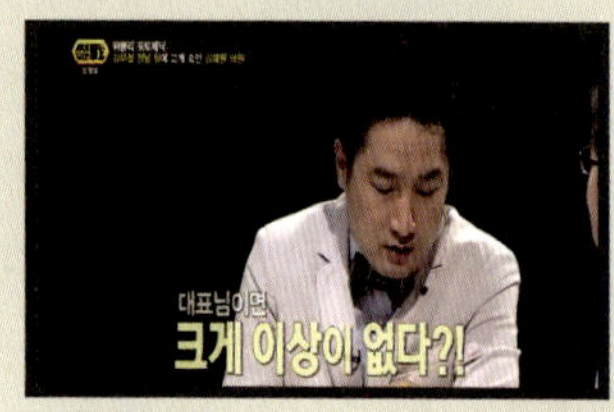

3 이게 이상하지, 왜 안 이상해!

4 내용 자체는 대표님한테 충분히 할 수 있는 얘기죠~.

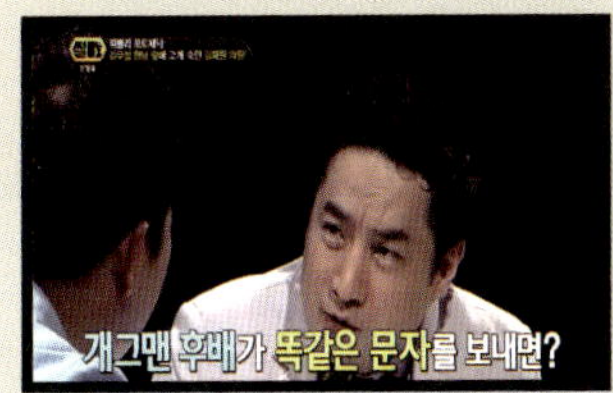

5 이건 당을 위해서 열심히 하겠다는 표현이 아니잖아요!

6 옳고 그름을 떠나서 인간관계로만 보면, 충분히 있을 수 있죠~.

이런 게 형님문화

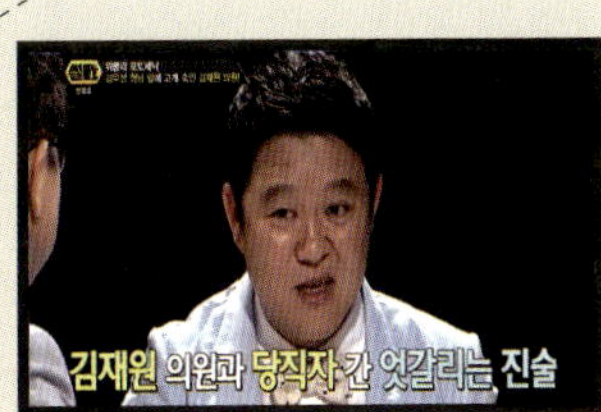

7 저는 궁금한 게 김재원 의원은 본인이 아니라고 하는데 당직자는 김재원 의원이라고 그랬거든요. 누구 말을 더 신뢰하겠어요?

8 이럴 때 김무성 의원이라면 당직자 말을 더 신뢰하죠. 그러니까 본인은 답답한 거죠.

9 새누리당에는 그런 문화가 있다고 생각하구요, 지금 강변이 충분히 그럴 수 있다고 하는 것도 그게 새누리당의 문화다 이거죠.

진정한 '저자세 외교'가 뭔지를
보여 주마

　　NLL 대화록 사건에서 말이죠, 또 한 가지의 쟁점이 됐던 것은 바로 노무현 전 대통령의 '저자세 외교'입니다. 그러니까 우리나라 대통령이 김정일 국방위원장에게 지나치게 낮은 자세로 협상에 임해 국격을 떨어뜨렸다는 거죠. 앞에서 언급한 한 여론조사에서 '노 전 대통령이 김정일에 대한 지나친 저자세와 친북반미적 언행을 했다'고 응답한 사람이 무려 48%나 달했다고 했습니다. 응답자의 절반에 해당하는 수치니까 꽤 높다고 볼 수 있습니다. 그런데 정말 저자세 외교가 뭔지를 알려주는 한 편지가 있습니다. 우리나라의 어떤 높은 분이 김일성 전 주석에게 이런 편지를 썼습니다.

주석님께서는 광복 후 지금까지 40년에 걸쳐 조국과 민족의 통일을 위하여 모든 충정을 바쳐 이 땅의 평화 정착을 위해 애쓰신 데 대해 이념과 체제를 떠나 한민족의 동지적 차원에서 경의를 표해마지 않습니다.

　　정말 대단한 내용입니다. 만약 이런 편지를 진보정당 쪽에서 썼다면 당장 '국가보안법상 찬양, 고무죄'로 잡혀 들어갈 것 같은 무시무시

한 내용입니다. 그런데 이걸 누가 썼는지 아십니까? 바로 전두환 전 대통령입니다. 지난 1985년 남북정상회담을 추진하던 중에 밀사로 북한을 오갔던 박철언 전 장관의 회고록에 담겨있는 편지였습니다. 정말 이런 게 저자세 외교가 아닐까 싶은데 여러분의 생각은 어떠신지요?

　이 책은 사실상 제작진이 던졌던 질문에 대한 이철희 소장과 강용석 변호사의 대답들로 이루어져 있다. 우리를 '가르쳐가며' 여기까지 오신 두 분에게 감사드린다. 가장 기본적인 질문, 때로는 어이없는 질문을 던질 때에도 성심성의껏 설명해 주셨고 그 이야기는 예능프로그램만 제작해왔던 제작진에게 늘 흥미로웠다. 두 분을 통해 '생각이 다른 사람과 대화하는 법'의 좋은 예를 보았다.

　MC 김구라 씨에게 감사드린다. 그가 아니었다면 이 프로그램을 기획할 수 없었을 것이다. 그가 가진 성실함과 특유의 재치는 이 프로그램을 만들어가는 가장 큰 힘이다.

　JTBC 김수길 대표와 홍정도 부사장에게 감사드린다. '애정 어린 방치' 덕분에, 누가 물어도 회사에서 아무 터치도 없다고 자신 있게 말할 수 있었다.

사장될 뻔 했던 기획안을 프로그램화할 수 있었던 것은 여운혁 선배 덕분이었다. 좋은 CP이자 좋은 선배인 여운혁 부장, 그리고 조용히 이런 저런 상황들을 챙겨주시는 김시규 국장과, 부지런히 출판 업무를 진행해준 사업팀 김세진 과장에게 감사의 말을 전한다.

이 책이 우리가 그랬듯이 이해할 수 없었던 뉴스 속 '그들만의 리그'를 이해하는 데 조금 도움이 되기를 바라는 마음이다.

2013년 12월

먹물(!) 들어감을 개탄하며 예능감을 잃지 않기 위해
고군분투하는 제작진을 대표해…
김수아

독한 혀들의 전쟁, 썰전

초판 1쇄 발행 2013년 12월 20일
초판 2쇄 발행 2014년 1월 10일

지은이 JTBC 썰전 제작팀
발행인 서영택
총 편집인 이홍
편집인 김호경
책임편집 김순란
기획편집 조영우, 최재진, 박정현
구성작가 이남훈
디자인 디자인밥
일러스트 아트플러스엠
마케팅 정형선, 김태형, 정동윤
제작 한동수, 류정옥

임프린트 사막여우
주소 서울시 종로구 견지동 87-1 가야빌딩
주문전화 02-3670-1021,1173,1595 **팩스** 02-747-1239
문의전화 02-3670-1510(편집), 02-3670-1030,1159(마케팅)
홈페이지 http://www.wjbooks.co.kr
페이스북 https://www.facebook.com/wjbook
트위터 @wjbooks
발행처 (주)웅진씽크빅
출판신고 1980년 3월 29일 제406-2007-00046호